ひろさちやの「最澄」を読む

佼成出版社

まえがき

人名というものは不思議なものです。たんなる符牒《ふちょう》のように見えて、そうではありません。人名という記号が、あんがいにその人間の存在を意味づけてしまうのかもしれません。

そうです、わたしは、

——最澄——

という名前を思っています。これは「最も澄《す》める人」と読めるでしょう。そして最澄は、その名の通り最も澄める人でした。彼は仏教の大道を、なんの邪念もなく、虚心坦懐に、淡々と歩み続けました。その五十五年の生涯は、必ずしも長かったとは言えません。しかし彼は、従容《しょうよう》として死に就きました。そして死後に彼に贈られた、

——伝教大師——

の諡《おくりな》は、彼の生涯の事績をよく表わしています。彼は日本人に真実の教えを伝えてくれたのです。そして彼の伝えてくれた教えの灯は、いまも彼が開いた比叡の山に赫々《あかあか》と燃え続けています。彼の教えは、千二百年ものあいだ、日本人の心を照らし続けてくれたので

す。

ところで、最澄と同時代に、もう一人の仏教者がいます。空海です。こちらのほうは空と海であって、茫洋《ぼうよう》としたスケールの大きさを示す名前です。

わたしたちが最澄を語るとき、そこにどうしても登場してくる人物がこの空海です。空海を抜きにして最澄は語れないのです。なぜなら、最澄と空海は、畢生《ひっせい》のライバルでした。

でも、最澄にとって、空海というライバルがいてくれたことは幸せでした。

たしかに最澄は、空海との応対に神経を磨《す》り減らしています。二人の仏教観はまったく違い、いかにしてもその溝を埋めることはできません。精神的にへとへとになっただろうと思います。

だが、それはマイナスばかりではなかった。空海というライバルの存在によって、最澄が助かった側面もあります。

というのは、空海が専門とする密教ですが、この密教は最澄の専門である大乗仏教とはまったくパラダイム（思考の枠組み）の違う仏教です。詳しいことは本論で論じますが、最澄が考える大乗仏教は、われわれ凡夫が一歩一歩仏に近づいていく仏教です。ところが密教は、いきなり仏の視座に立って下を眺める仏教です。だから密教を理解するには、最澄が持っていない視座に立たねばなりません。もしも最澄が、一歩一歩高い山に登っていく、そういう方法論でもって密教を理解しようとしたなら、そのときは相当に密教を歪《ゆが》めて受け取らねばならなかったばかりか、最澄の専門であった大乗仏教までも歪めてしまう虞《おそれ》がありました。つまり、俗に言う「二兎《と》を追う者は一兎をも得ず」です。

しかし、そうはならなかった。空海というライバルのおかげで、最澄は密教をあきらめてしまったのです。

そして、ひたすら大乗仏教の道を歩みました。

それでよかったのです。いや、それがよかったのです。

最澄が、一歩一歩仏に近づいていく大乗仏教の大道をしっかりと整備してくれたおかげで、その大乗仏教の大道をしっかりと学べる修行の場を比叡山に設立してくれたおかげで、後世、比叡山から多くの仏教者・仏教思想家が輩出したのです。

その意味では、比叡山は「比叡山大学」と呼ばれるべき存在です。そして、その比叡山大学は、最澄の開いた天台宗の学僧を生み出したばかりでなく、比叡山大学の卒業生が日本仏教の数多くの宗派を開いています。すなわち、浄土宗を開いた法然、浄土真宗の開祖の親鸞、臨済宗の栄西、曹洞宗の道元、日蓮宗の日蓮などが、比叡山大学の優秀な卒業生です。

だとすれば、最澄は日本仏教の最大の恩人ではないでしょうか。もしも最澄がいなかったら、日本仏教はどうなっていたでしょうか。わたしは最澄に、最高の讃辞を呈したいと思います。

合掌

二〇〇四年十一月

ひろさちや

ひろさちやの「最澄」を読む●目次

第一章　われ衆生とともに歩まん

第二章 天台開宗へ

第三章　一乗仏教

第四章 最澄と空海

第五章　徳一との論争

装幀・本文レイアウト▼巖谷純介

第一章

われ衆生とともに歩まん

真の仏教者として

延暦《えんりゃく》四年（七八五年）七月、真の仏道を求める一人の青年僧が山にこもりました。まだ十九歳ないしは二十歳の青年です。

彼はその年の四月、奈良東大寺において二百五十戒（小乗戒）を受けたばかりでした。当時、受戒して正式なお坊さんになることは、エリートコースに入ることを意味しました。

しかし、彼——最澄——が選んだのは、そのままエリートへの道をひた走ることではありませんでした。彼は奈良の都にとどまらず、故郷の山、比叡山にこもったのです。そして草深い山中の草庵で筆を取り、強い決意を込めて書き出します。

——『願文《がんもん》』——

最澄はその中で五つの誓願を立てています。そして、その中の一つに次のようなものがあります。

修行して得た功徳を、わが身一人に受けることはせず、一切衆生に施して、すべての人が無上の悟りを得られるようにしたい。

最澄は、自分一人の悟りを目指すのではなく、すべての人とともに仏道を歩むことを宣言したのです。このとき、わが国に初めて真の仏教者が生まれたのでした。

最澄は七歳から陰陽《おんみょう》や医学、工巧《こうこう》（建築学）などを学び、十二歳のときに近江国分寺への入門が許されました。師の行表《ぎょうひょう》のもとで学びながら、十五歳で僧籍に入り、十九歳で年間十人前後しか認められないという狭き門、東大寺の正式なお坊さんとなったのです。

ところで、本書では僧侶のことを「お坊さん」と表現していますが、それには理由があります。その理由は一八〇ページ以降に書かれていますが、本来一人ひとりのお坊さん（比丘《びく》）と、お坊さんたちの集まりである僧（サンガ）とは別ものだからです。些事ですが、そのことをお断りしておきます。

さて、最初に触れたように、最澄は、いまで言えばかなりのエリートコースを歩んでいるわけです。よく「世をはかなんで出家した」などという言い方をしますが、この頃の出家の概念はまったくちがいます。出家してお坊さんになることは、イコール出世だったのです。正式に公認されたお坊さんは、国家公務員になったことを意味したからです。したがって、当時の人たちの出家の動機は、まずは「偉くなろう」ということであったと思います。

出世のために出家するというのは、当時としてはごく一般的でした。そこには本人の思いだけではなく、当然親や一族の期待も込められていました。しかし、なぜか最澄は故郷に戻り、そのまま比叡山に入ってしまったのです。

最澄は、天平神護《てんぴょうじんご》二年（七六六年）、あるいは神護《じんご》景雲《けいうん》元年（七六七年）に近江国《おうみのくに》（現在の滋賀県）で生まれ、広野《ひろの》と名づけられました。父は三津首百枝《みつのおびとももえ》といい、帰化人の子孫だったといわれています。

当時は、日本の都がまだ奈良にありました。奈良の大仏で有名な東大寺の大仏開眼供養が行なわれたのはこの十六年前、天平勝宝《てんぴょうしょうほう》四年（七五二年）のことで、前述のように最澄はのちにこの東大寺で受戒することになるのです。

日本にお坊さんはいなかった

最澄は東大寺でお坊さんになったと言いましたが、彼が生まれる十二年前までは、日本でお坊さんになることは不可能だったのです。

日本に仏教が伝わったのは、『日本書紀』によると欽明《きんめい》天皇十三年（五五二年）、『元興《がんごう》寺縁起《じえんぎ》』や『上宮聖徳法王帝説《じょうぐうしょうとくほうおうていせつ》』によれば欽明七年戊午《つちのえうま》の年（五三八年）といわれています。最澄の時代は、いずれにせよ仏教伝来から二百年以上たっていましたが、当時の日本には、正式なお坊さんはほとんどいなかったのです。意外に思われるかもしれませんが、これにはわけがあります。

仏教の決まりでは、正式のお坊さんになるためには、三人の先生と七人の証人がいる前で正式に受戒しないとお坊さんにはなれません。これを「三師七証《さんししちしょう》」といいます。日本には、この資格を持つお坊さんがほとんどいなかったのです。

大陸であれば、インドから来たお坊さんが大勢いますから、三師七証は比較的簡単に成立するかもしれませんが、日本にインドや中国の正式な資格を持ったお坊さんが一人や二人きても、なかなか十人がそろうことは困難です。だから、日本人はそう簡単には正式なお坊さんになれなかったのです。

日本のお坊さんは、ほんとうの資格など持たず、出家して勝手に僧を名乗っていたというのが実情でした。しかし、それではいけないということで、天平勝宝六年（七五四年）に鑑真和上《がんじんわじょう》（六八八〜七六三年）を中国（唐）からお招きして正式な授戒の体制を確立しようとしたわけです。

日本からの要請に応えるため、鑑真は弟子たちに、「誰か日本へ法を伝えに渡るものはいないか」と尋ねました。ところが誰も返事をするものがおらず、やがては「日本へ行くのは危険です」と言い出すものも出てきたので、鑑真はこう宣言しました。

是《これ》、法の為の事なり。何ぞ身命《しんみょう》を惜まん。諸人去《さ》らざれば、我即ち去らんのみ。

（『唐大和上東征伝《とうだいわじょうとうせいでん》』）

——これは仏法のためである。どうして身命を惜しもうか。誰も行かないというのなら、わたしが行くまでの話だ——

つまり、みずから渡日の決意を固めたのです。鑑真は、もちろん弟子たちを連れてきました。正式な資格を持つ九人の弟子たちです。このことによって、ようやく日本にも正式なお坊さんが誕生することになりました。一人ずつでも正式なお坊さんが増えていけば、授戒の立会人になれますから、日本人同士でも授戒ができるようになります。こうして正式なお坊さんが増えていくことになるわけです。日本仏教が戒律を理解することができるようになったのは、ひとえに鑑真和上のおかげだと思います。

比叡入山

最澄が仏門に入った頃、戒壇《かいだん》と呼ばれるものが全国に三つありました。奈良の東大寺と、東大寺より東方では下野国《しもつけのくに》（栃木県）の薬師寺、それから九州筑前国《ちくぜんのくに》（福岡県）の観世音寺です。わが国では、この三つ戒壇のいずれかで受戒することによって正式のお坊さんになることができたのです。

先述のように、当時のお坊さんというのは、現在の国家公務員だと思ってもらえばいいでしょう。国が選抜し、その身分や生活を保障するのですから、公務員になったということです。

最澄も十九歳のときに東大寺で受戒し、正式なお坊さんになりました。普通は正式なお坊さんになれば出世コースに乗っていくのですが、最澄は何を思ってか、比叡山にこもったわけです。

当時の比叡山は、一つの霊山であったと思われます。おそらく、そこには山岳修行者と呼ばれる人たちが大勢いたことでしょう。神道系の山岳修行者もいれば、仏教系の山岳修行者もいたと思います。

そういう人たちが、ときにはグループをつくり、ときには一人、二人で山にこもって修行をしていました。最澄も同様に、その自分の故郷にあった比叡山という山にこもったのです。

なぜかと問われると、その理由はよくわかりません。ただ、よく考えてみると、奈良仏教の性質は政治と結託する仏教でした。七九四年に桓武天皇によって平安遷都が行なわれたのですが、そこには結局、政治と仏教が結託してしまった平城京から離れようという意図がありました。そのような世の中の動きと関係がありそうです。

奈良の都では、道鏡事件《どうきょう》というものがありました。女帝だった孝謙《こうけん》上皇が病にかかったとき、道鏡は『宿曜経《しゅくようきょう》』による秘法で上皇の病気を治しました。そのことで寵愛を受けて勢いを得、道鏡は太政大臣禅師《だいじょうだいじんぜんじ》を経て法王の位にまで登りつめたのです。そして神護景雲三年（七六九年）、ついにみずから皇位をねらったところを和気清麻呂《わけのきよまろ》らに阻まれ、失脚してしまいました。

桓武天皇はそのような状況に危機感を抱き、できれば政治と仏教との縁を断ちたいと考えました。平安遷都には、政治を仏教から独立させたいという意図があったのです。

つまり、当時仏教は堕落の極みにあったと言っていいと思います。最澄はそういう堕落した仏教に対して疑問を抱き、いままでのあり方ではダメだと考えて比叡山にこもったのではないでしょうか。

最澄の願い

最澄のすごいところは、比叡山にこもってすぐに『願文』を書いていることです。この願文が、最澄の思想を読み取るときの一つの出発点になるだろうと思います。最澄のこの願文は長いのですが、わたしが訳したものを三十五ページから四十七ページにわたって全文掲載します。

ところで、この「願文」ということばの意味が重要だと思います。

仏教には、

――誓願《せいがん》――

ということばがあります。誰に対して、何を誓うのでしょうか、また何を願うのでしょうか。

「誓願」とは、サンスクリット語で〝プラニダーナ〟といい、「上に置く」という意味を持っています。あるいは「前に置く」という意味もあります。つまり、わたしたちが修行をするにあたって、それを始める前に立てる願いのことをいうのです。

わたしたちは、何をする場合にも、なんらかの「願い」を立てるのではないでしょうか。例えば習字を習うときには「うまくなりたい」という願いを立てるものですし、野球でも「甲子園に出たい」といった願いのもとに練習を始めるはずです。わたしたちがものごとを行なうときには、かならずそういう「願い」を持っていると思います。

この「願い」には、よく考えてみると二種類あることがわかります。

一つは自分の利益を願うこと、すなわち、

——自利の願い——

です。芸ごとを習うときに「上達したい」と思ったり、ゴルフを覚えるときに「うまくなりたい」と願うのは、全部自分の利益です。

それに対してもう一つ、「他人を楽にさせてあげたい」「他人を救ってあげたい」という願いがあります。これを、

——利他の願い——

といいます。

このように、「願い」は「自利の願い」と「利他の願い」との二つに分けることができます。

このうち、自利の願いを立てて行なう修業には〝業〟という字を書きます。

――修業――

です。「包丁一本さらしに巻いて……」という歌謡曲がありましたが、その修業も、「自分の料理の腕を上げたい」という自分のための願いだから「板場の修業」と書くのです。

それに対して、「他人を救いたい」「世の中のために何かしたい」という利他の願いを起こして行なう修行には、〝行〟の字を書きます。

――修行――

です。この二つをしっかりと区別しなければいけないと思います。また、この二つを区別すると、修行というものの意味がよくわかるはずです。

そして仏教の場合、仏道を歩むものの願いは「利他の願い」であるはずです。その利他の願いを「誓願」と呼ぶのです。わたしたちは、仏教徒である限りかならず誓願を持たなければならないのだと思います。

わたしたちは、なんとなく世をはかなんで仏教を勉強したいと思ったり、この世がいやになったから何か得られないかと思って仏教を求めたりしていないでしょうか。

そんなふうに、自分のためのことだけで仏教を求めるのであれば、ほんとうの仏教の勉強にはなりません。あくまでも他人のためになることを考え、自分の利益を超えた利他の願いを起こすことが仏教では絶対に必要とされるのです。

四弘誓願と別願

考えてみれば、奈良時代までの仏教、つまり平安以前の仏教、最澄以前の仏教にはこの「願い」がなかったのではないでしょうか。だからこそ、奈良仏教が政治と結託したり、逆に政治のほうが仏教の持っているマジカルなパワーを利用しようとしたりしたのだと思います。みんな自利のことばかり考えていたということです。

その点、最澄という人は真の天才だと思います。仏教においては、やはり「願い」を起こさなければならないということに気がついたからです。仏教の本質は、「他人を救いたい」ということなのであり、そこに願いがあるということがわかっていたのです。

仏教には、

――四弘誓願《しぐせいがん》――

と呼ばれるものがあります。

次のような内容です。

衆生無辺誓願度《しゅじょうむへんせいがんど》……数限りない衆生を悟りの彼岸に渡したいという誓願。
煩悩無尽誓願断《ぼんのうむじんせいがんだん》……尽きることのない煩悩を滅しようという誓願。
法門無量誓願学《ほうもんむりょうせいがんがく》……量り知れないほど深い仏教の教えを学びとろうという誓願。
仏道無上誓願成《ぶつどうむじょうせいがんじょう》……無上の悟りを成就したいという誓願。

宗派によって多少の表現のちがいがありますが、言っていることは同じです。四弘誓願とは、文字どおり四つの広い願いという意味であり、仏教徒である限り誰もが四弘誓願を持たなければならないことが前提にされています。だから、仏教を学ぶときにはまず四弘誓願をお唱えします。仏教徒にとって共通の願いであるということです。

さらに、それぞれの仏教徒はこの共通の願いにプラスして、ほかに自分の特別な願いを持っていいのです。これを、

――別願《べつがん》――

といいます。

阿弥陀さまが仏になる前、法蔵菩薩《ほうぞうぼさつ》と名乗っていたときに四十八願を立てられたとされています。あるいは薬師如来は十二願を立てています。これらはみんな別願です。しかし、それらの基本には四弘誓願があるとわたしは思っています。だから、仏教徒になる限りはかならずこの四弘誓願を持っているはずです。

四弘誓願の意味

ここで、四弘誓願について一フレーズずつ確認しておきましょう。

まず四弘誓願の始めには、

――衆生無辺誓願度――

とあります。この「無辺」とは「限りがない」という意味です。衆生は限りなくいるけれども、これらをすべて救おうという誓願です。修行という側面からいえば、過去の修行ばかりでなく、いま現在も修行であり、これから生まれてくる生も修行であり、修行というのは、人間だけではなく生きとし生けるものすべてを安楽にさせたいと願って行なうものだということをいっているわけです。

「誓願度」とは、すべてのものを救いたいという願いです。あらゆる存在を悟りの彼岸に渡したい、幸福の境地に至らせたいという誓願です。ですから、仏教者である限りかならずこの願いを基本に持っているのです。

わたしはときに思うのですが、世界には戦争が絶えず、その戦争はもしかすると人類を滅亡させるかもしれません。世界はいまその危機にあります。しかし、わたしはひょっとしたら、人類が滅亡することも、ほかの生き物――魚であってもゴキブリであっても――彼らのためにはいいことなのかもしれないなどと思ってしまいます。

どういうことかというと、ほとけさまの願いとは、人間だけがよくなればいいなどというものではないということです。そのことをわたしたち仏教者はつねに考えていなければなりません。つまり、全生物という視点から見れば、人類が滅ぶということもあるいはほとけさまの願いなのかもしれない……と、そこまで気がついてはじめてほんとうの仏教者になれるのではないかと思います。

とにかく「みんなが幸せであってほしい」と願うこと——これがわたしたちが仏教を考えるときにつねに必要なことではないでしょうか。宮沢賢治は、

世界がぜんたい幸福にならないうちは個人の幸福はあり得ない。

（『農民芸術概論綱要』）

と言っていますが、それは仏教では当たり前のことなのです。

日常生活においても、わたしたちはそのことをよくよく学ばなければなりません。例えば、よく家庭の中で母親が、「わたしが犠牲にならないとダメだわ」などと言うのを耳にします。「子どもの受験勉強はあるし、いまわたしがここでがまんしないとお父さんや子

どもの幸せがないから、家庭のためにわたしが犠牲にならないといけない」などと考えるわけです。しかし、これは絶対にまちがった考えです。家族全体が幸せにならない限り、決してお父さんやお子さんの幸せもありません。

お父さんにしても同じことです。「ここでおれさえがまんすればいいのだ」などと言って、自分の幸せを抑えて単身赴任に踏み切るなどという人もいますが、それは家族の幸せにはなりません。

お父さんが、「いいんだ。会社でいやな思いをしても、おれさえがまんすれば子どもや女房のためになるんだ」などと思って不快を耐えているとして、そんな家族が幸せになれるでしょうか。そういうところを、わたしはもう一度原点に帰って考え直さなければならないと思うのです。四弘誓願の第一番目の句の意味を考えてください。みんなが幸せにならない限り、絶対に個人は幸せになれないのです。

現在、アメリカが犯している大きなまちがいは、「テロリストを滅ぼしさえすればいい」と考えていることです。ほんとうは、テロリストが幸せにならない限り、アメリカ人の幸せもないのです。にもかかわらず、アメリカは彼らをたたきつぶすことによって自分たちの幸せを得ようとしていますが、そんな考え方は大きなまちがいです。アメリカ人にも仏教を学んでほしいと切実に思います。

大事なことは、お父さんが「自分はいま会社で苦労している」というようなことを、家庭でオープンに言えるということです。もし自分が苦しんでいるのならば、そんな会社は辞めればいいのです。いやな思いをして働いていても、会社にとっても自分にとってもいいことはありません。家族には、「おれが幸せにならない限りおまえたちの幸せはないのだ」としっかり言うべきなのです。お父さんが幸せになって初めて、子どもも奥さんも幸せになれるということを認識し合うべきです。「おれが犠牲になっていれば子どもは幸せであろう」などという考えはまちがっています。そのことをしっかりと考えてほしいと思います。

他人の煩悩に気づくこと

四弘誓願の「衆生無辺誓願度」の次に出てくるのは、

―― 煩悩無尽誓願断 ――

です。これは、煩悩は数限りなくあるということです。しかし、この煩悩を「自分の煩悩」と考えたとしたら、それは大まちがいです。繰り返しますが、四弘誓願なのですから、利他の願いです。ということは、ここで言っている煩悩も、自分の煩悩ではありません。あらゆる人のいろいろな修行を妨げる煩悩という意味です。

もちろん結果的には自分の煩悩も救われるのでしょうが、問題は他人の煩悩です。ことばを換えれば「時代の煩悩」のことです。どれほど煩悩があるかというと、「煩悩無尽……」ですから、尽きることなくあると言っています。

ですから、わたしたちは欲をなくせばいいのだといって、単に自分の欲望を抑制していればいいのではありません。だいいち、年を取ってくれば次第に欲は少なくなっていくものです。それで、「おれはもう欲がなくなったからいい」などと言ってのほほんとしているのでは、それは仏教者ではありません。いまの若者が何に悩んでいるのかをつねに考えることが仏教者の責任です。それでこそ「無尽」なのです。

健常者が自分だけ老人ホームに入って「ああ、ありがたい」などと言っているとしたら、それも仏教者の取るべき態度ではありません。「老人ホームに入れないホームレスの人々が何を悩んでいるのか……」ということを真剣になって考えるのが「煩悩無尽誓願断」です。他人の煩悩を一所懸命に考えるべきだということです。

一目の網で鳥は捕れない

それから第三番目は、

――法門無量誓願学――

です。一般に、仏教には「八万四千《はちまんしせん》の法門《ほうもん》」があるなどといわれます。しかし、これは「法門」ですから、教えの入り口にすぎないということです。そして「八万四千」というのは、具体的な数ではなく、無尽にあるということです。

その無尽にあるありとあらゆる入り口を勉強することが「法門無量誓願学」です。ですから、「わたしは『法華経』が好きだから『法華経』だけ勉強すればいい」というのは、この四弘誓願に反することです。あらゆる経典はもちろん、仏教以外のこともすべて勉強しなければなりません。

最澄のことばに、

一目の羅《ら》は鳥を得ることをあたわず。

（『天台法華宗年分縁起《てんだいほっけしゅうねんぶんえんぎ》』）

というのがあります。網目（羅）が一つだけだったら鳥は捕れません。実際に鳥を捕るのはたった一つの網目かもしれませんが、網目が一つしかなかったら網の役を果たしません。したがって鳥は捕れません。網というのは、たくさんの網目があるから獲物が捕れるのです。

この考え方からいえば、『法華経』だけ勉強していればいいという態度はまちがいということになります。たくさん網目のある網を用意しなければならないのです。つまり、さまざまなものを勉強するというのが基本的な仏教徒の態度だということでしょう。

仏道修行に終わりなし

四弘誓願の最後は、

――仏道無上誓願成――

です。仏道修行にはこれで終わりということはない。そして、道というものは歩み続けることが大事なことだといっているのです。

「おれはゴールに到達したからもういいや」という考え方は、仏道ではありません。ゴールに到達したら、もう一度出発点に戻っていく。あるいは百メートル戻って、またそこで悩んでいる人、転んでいる人の手助けをしていっしょに歩むという姿勢が大事なのです。

ということは、逆に言えば、

――ゴールに入ってはいけない――

という意味だとも解釈できます。

そうです。それが四弘誓願の本来の意味なのです。そういうところをよく考えながら最澄の『願文』を読んでみると、その意義が理解できます。わたしの解釈を交えながら、『願文』全文の現代語訳を掲げましょう。

苦諦の真理

わたしたちが永遠に輪廻転生《りんねてんしょう》を続けるこの世界（三界《さんがい》）は、もっぱら苦しみばかりであって安らかなことは少しもない。そこに生きるさまざまな生きものは、ただ心配ごとばかりで楽しいことは何もない。釈迦牟尼仏《しゃかむにぶつ》という太陽はすでに西に沈んでしまったのに、釈迦仏の次に出現される未来仏である弥勒菩薩《みろくぼさつ》（慈尊《じそん》）という月はまだ出ず、夜の闇を照らしてくれない。世界は、その終末において見舞われるという水災・火災・兵災の三災の危険に近づいており、

これが出だしですが、まさにここは現代にあてはまります。アメリカ、日本などのイラク派兵は苦界そのものを描き出しています。また、異常気象による水害や火災も多く、そ

の原因は近代文明による自然環境の悪化にあるともいわれていますが、さまざまな自然災害が世界中で発生しています。

来世における避けがたい五つの汚れ（五濁《ごじょく》）の兆候がだんだんはっきりしてきた。それればかりではない、風のごとき人間の命ははかないものだし、露のごとき人間の肉体は、すぐに消え失せてしまう。なんの楽しみもない草葺《くさぶ》きの家に住んで、それでも人間は生命に執着し、最後は老人も若者も白骨となり果てるのである。真っ暗な墓（土室）の中に、貴人も賤しい者も、先を争って入って行く。他人を見、自分を見ても、苦しみの世界に生きる人間が、しかし間もなく墓に入るといった道理にまちがいはない。不老長寿の仙薬を飲まない人間は、自分の魂をこの世にいつまでもとどめておくことはできぬ。神通力《じんずうりき》を得ていない者には、自分がいつ死ぬか、その時を定めることはできない。生きているあいだに善いことをしていない者は、死んだときに自分の身体を地獄の薪《たきぎ》とされるであろう。人間に生まれる偶然は少なく、また人間に生まれても、その寿命は短い。善心を起こすことはむずかしいし、たとえ善心を起こしてもすぐに忘れてしまうものだ。だからこそ、法（真理）の世界の皇帝といわれる釈迦牟尼仏は、大海に投げ込んだ針を捜すたとえや、高さ八十万キロメートルという伝説の山＝須弥山《しゅみせん》の上から糸を垂らして、山麓に置いた針の穴に通すたとえでもって、人間として生まれることのむずかしさを教え、古代中国の夏《か》王朝の創始者とされる伝説上の賢王＝禹王《うおう》は、一寸・半寸のわずかな時間も惜しんで、一生を空しく過ごさないようにと勧めた。原因がなくして結果のある道理はないのであって、善き行ないがなければ苦を免《まぬ》がれる道理は絶対にないのである。

最澄はこういう出だしにおいて、わたしたちの人生が苦であるという「苦諦《くたい》の真理」というものを、明確にしているのです。

仏教者としての反省

いま、静かに自分の行跡を反省してみると、戒律にかなう正しい行為がない自分なのに、衣・食・住と医薬の四事をまるで盗むがごとくに与えられてきた。愚癡《ぐち》のゆえに、生きとし生けるものの怨《うらみ》を買ってきた。それだから『未曽有因縁経《みぞういんねんきょう》』というお経に、「施す者は天に生まれ、施しを受ける者（がそれに値しないとき）は、地獄に堕ちる」と説かれてある。裕福な婆羅門《ばらもん》の未亡人である提韋夫人《だいいぶにん》は、五人の僧に衣・食・住・医薬の四事を供養したために、のちの世で舎衛城《しやえいじよう》の波斯匿王《はしのくおう》の妃の茉莉夫人《まりぶにん》に生まれるといった良い果報を得たが、提韋夫人の供養をむさぼり受けた五人の悪僧たちは、次の世で石女《うまずめ》に生まれ、そして茉莉夫人の輿《こし》を担《かつ》ぐといった悪い結果になった。善悪の因果は、このように明らかである。いやしくも慚《はじ》を知る者が、どうしてこの経典を信じないでおれよう。だからこそ釈迦仏は、苦しみの原因を知って、しかも地獄に堕ちるという苦しみの結果をおそれない者を一闡提《いっせんだい》（成仏の縁を欠く者）と呼んでいましめられたのだ。せっかく人間として生まれながら、何も善い行ないをしようとしない人を、経典の中では、宝の山に入ってむなしく空手で帰ってくるようなものだ、と叱責されている。

要するに、最澄は自分が施しということをしていないし、単にお坊さんになってこうして供養を受けて国家から給与をもらってのほほんとしている。けれども、それでは来世でかならず悪い結果になるし、地獄にさえ堕ちるという反省を持っているのです。

これは結局、いままでの自分に対する猛烈な自己批判なのです。わたしは戒律を受けて国家公務員に採用されたということでのほほんとして喜んでいるが、それで仏教者といえるのかという反省をここで自分に突きつけているわけです。

最澄は愚者・狂者である

ここにおいて、愚かな者の中で最も愚かな者、狂っている者の中で最も狂せる者、塵《ちり》芥《あくた》のごとき生きもの、最低の存在である最澄は、上では仏教の教えに背き、中では国家の法律に違反し、下では両親への孝と礼に欠けているが、迷い狂った心のままに、謹んで五つの願を立てる。結果に執着しないことをてだてとし、仏教の最高の真理を追求するために、金剛《こんごう》（ダイヤモンド）のごとき不壊不退の心願を起こす。

ここで最澄は、愚かな者の中でもっとも愚かな者、狂っている者の中でもっとも狂せる者と、このように愚者・狂者という立場に自分の認識を置いています。この認識が非常に大事だと思います。最澄の一生を貫いている自己認識の原点を、ここに求めておきたいのです。

そして最澄は、五つの願いを立てました。

五つの願い

第一。わたしは、わたしの眼《げん》・耳《に》・鼻《び》・舌《ぜつ》・身《しん》・意《い》の六根《ろっこん》が仏陀と同じ清浄にならないあいだは、世間に出て活躍しない。

第二。仏教の真理を知る智慧が身につかないあいだは、世間的な才芸にかかわらない。

第三。清浄な戒律が身につく以前は、檀家からの特別招待は受けない。

第四。いまだ仏教の真の智慧（般若《はんにゃ》）の心が得られないうちは、世俗の業務につかない。ただし、六根が仏陀と同じ清浄になった場合は、この限りではない。

第五。過去・現在・未来のあいだに自分が修行して得た功徳《くどく》を、わが身一人に受けることはせず、一切衆生に施して、すべての人が無上の悟りを得られるようにしたい。

この五つの願いの中で注意していただきたいのは、

——わたしの六根が仏陀と同じく清浄にならないあいだは、世間に出て活躍しない——

という中の、「仏陀と同じ境地に達しないあいだは」という意味のことを言っているところです。のちに最澄は世の中に出て活躍することになるので、「では、最澄は仏陀と同じ境地に達したのか？」という疑問が提出されることになったのです。ここをどう解釈するかが問題となったわけです。そこで、これに関するわたしの解釈を述べてみましょう。

結果から言えば、

——わたしたちが願いを立てるときには、同時に願いそのものに執着してもいけない——

ということです。

前述のように、誓願は「プラニダーナ」ですから、修行をする前に立てるものです。つまり、いわばまったくの「初心者」のときに立てるわけです。ですから、これがまちがった願いであるかどうかはスタート時点ではわかりません。自分がその願いを立てて修行を始めてみて、少し歩むことでやっとその願いが正しかったのか正しくなかったのかがわかるということでしょう。

にもかかわらず、最初に立てた目標に執着する人がいっぱいいるのです。例えば、「世界一の金持ちになりたい。目標何千億円」などという願いを立てる人がいるとすると、その人は目標に執着してしまい、何百億円では満足できなくなってしまいます。目標の何千億円に妄念を持つからです。そんな願いだったら立てないほうがいいのです。「目標何千億円」とか、「甲子園で優勝が目標」などといってそれに執着してがんばることは妄執なのです。

甲子園で優勝することが目的だということは、別の言い方をすれば、「ほかのチームを勝たせないこと」が目的だということになるはずです。それはエゴイズムではないでしょうか。

しかし、そんなエゴイスティックな目的はおかしいということにはなかなか気がつかないものです。なぜなら、たいてい「自利の願い」というものは、それに気づかせない要素を持っているからです。それを妄念と気づかず、最後までやってしまうのです。

これに対して「利他の願い」は、それを立てると、「この願いはまちがっているのではないか」「いや、まちがいではないけれども、あまりそれに執着してはよくない」ということがわかってくる構造を持っています。

ここでわたしは最澄を弁護したいと思います。

この最澄の『願文』に対して、「じゃあ、おまえは仏陀と同じになったのか？」「うぬぼれているんじゃないか？」と言う人がいますが、そうではありません。最澄は確かに最初は仏陀と同じにならなければ世に出ないと言っていますが、次第にやはりそれではダメなのだということに気がついていくのです。

これが「利他の願い」に基づく仏道修行のよいところです。最澄は初め、「心が清浄にならないあいだは世間に出て活躍しない」と思っていました。しかし、「待てよ……。そんなことを言っていたら、最後まで自分の利益だけを求めていることにならないだろうか」

と思いはじめたのです。

「自分が一つでも二つでもつかんだら、そのつかんだ分だけでもどうして人に教えないのか。人々に教えることによってはじめていっしょに歩めるのではないか」

と、考えが変わっていくのです。

そして、そこから三も四もと次々に進めていくことになります。たぶん最澄は、そういうことに気がついていったのだろうと思います。

一切衆生とともに

伏して願わくは、悟り（解脱《げだつ》）の美味を一人で飲まず、安楽の果を一人占めせず、この真理の世界に生きる一切衆生とともに仏の悟りの位にのぼり、この真理の世界に生きる一切衆生とともに仏の悟りのすばらしい味を楽しみたい。

このことばからわかることは、自分が全部悟ってからではダメだということに気づいているということです。みんなといっしょに行くためには、自分が得たものを少しずつみんなと分け合い、ともに味わっていく歩みが大事だということに気づいているのです。

利他の誓願は、かならずこういうことに気がつく構造になっています。

もしわたしが、ここに立てた願の力によって、六根が仏陀と同じように清浄になる境地に至り、そしてもし五つの神通力を得たとしても、しかしそのときは自分だけが悟りの彼岸に渡るのではなく、また自分だけが仏の位につくことはせず、さらにあらゆるものに執着することはしない。

自分などというものには何も執着しないと言っているのです。すばらしいことばではありませんか。さらに『願文』は続けてこう言います。

すなわち、悟りそのものにも執着はしない。願わくは、かならずこの世において、執着なき、特定の人を対象としたのではない四弘誓願に導かれて、真理の世界（法界《ほっかい》）と輪廻の世界（六道《ろくどう》）にくまなく行きわたって、仏の国土を浄化し、一切衆生を救済し、未来永劫どこまでも仏教の修行をしていきたい。

以上が全文です。最澄がこの願いを立てたのは二十歳くらいのときですが、この『願文』こそが、日本の仏教における最澄の偉大さを指し示していると思います。

つまり、最澄は仏教の本質である、

——一番大事なものが誓願だということ——

に気がついた初めての仏教者ではないかと思うのです。

日本独自の仏教へ

ここにおいて、最澄はほんとうの意味での出家者になったと言う人もいます。しかし、わたしはほんとうの出家者というよりも、逆に出家の世界からもう一度出家し、「在家」

に戻ったのかもしれないと思っているのです。

最澄は高級な国家公務員（正式な僧侶）でしたから、国のほうだけを見ていてもよかったはずです。しかし、彼は自分がマジカルなパワーを身につけたとすれば、その力で人々を救えばいいと考えました。そのマジカルなパワーをみんなにおすそ分けしようと決意したのです。

そういう意味では、

——みんなとともに歩む仏教——

というものがここに初めて芽生えたといえます。これは、ある意味では中国の仏教者も気づいていなかったことです。わたしは、お釈迦さま本来の意味に戻った仏教者として最澄を位置づけてもいいと思います。

ところで、前にわたしはこの『願文』を一種の「別願」だと言いました。「別願」とは、四弘誓願のほかに立てる個々人の願です。お坊さんが、それぞれ各自の誓いを込めて立てる願いです。

しかし、この最澄の『願文』は、そういう別願の形式をとっているけれども、「四弘誓願に導かれて……」と本人が言っているくらいですから、四弘誓願をわかりやすく書き直したものだと考えてもらったほうがいいかもしれません。

そして、この『願文』こそが日本独自の仏教への第一歩だったのです。

第二章

天台開宗へ

最澄と時代状況

最澄の時代はどのような政治的状況だったのか、少し日本仏教の流れを振り返りながら話を進めていきましょう。

最澄が比叡山にこもったのは、延暦四年（七八五年）から実に十二年間におよびました。年齢でいうと、十九歳のときから三十一歳までです。

この時期に、ちょうど平安遷都がありました。都が山城国《やましろのくに》の宇太野に移ったのです。七九四年、最澄が二十八歳のときでした。そしてその十年前の七八四年には、平城京（七一〇年〜七八四年）から長岡京（七八四年〜七九四年）への遷都があったばかりでした。

平安時代というのは、だいたい長岡遷都から始まっていると考えていいと思います。朝廷は平城京を捨てて七八四年に遷都しているので、最澄が十八歳のときに平安時代が始まったわけです。そして七九四年に平安遷都が行なわれました。若き日の最澄が生きた時代は、政治的にも一つの転換点だったのです。

桓武天皇が平安京へ遷都したときに、都にとって鬼門《きもん》となる北東の方角に比叡山があるので、最澄が比叡山にこもったのはそれに何か関係があるなどといわれますが、わたしはおそらく偶然の一致だったと思います。

仏教徒より先に伝来した仏像

日本に仏教が入ってきたのは、欽明天皇の時代とされています。このとき、仏教は人と人とを介して伝わったのではなく、国家対国家の関係で入ってきました。これは、日本が島国であるということの特殊性からくるものだと思います。

インドから中国に仏教が伝わったときは、経典といっしょに仏教を信仰している人も中国に入ってきました。ですから、信仰としての仏教がまず伝わってきたといえます。地続きの大陸という地形を考えると、それが普通であり、当たり前なのです。キリスト教の伝道を見ても、クリスチャンの移動にともなってキリスト教が伝わっていくわけです。

ところが、日本は大陸と海を隔てているところに位置するために、仏教徒より先に仏像が伝えられたのです。
その伝えられ方をいうならば、それは、「いま世界ではこういうものが流行《はや》っていま
す。おたくの国もひとつ信仰してみてはどうですか?」というかたちでした。
そのときの日本の対応は、「いや、うちには神道《しんとう》があります。いろいろな神さまがいま
すから、外来の神さまなんていりません」という考え(物部氏《もののべし》)と、「少しはお隣の国で
流行っている外来の神というのも取り入れてもいいんじゃないか」という考え(蘇我氏《そがし》)
に別れました。そして、その両者の間で論争が起きました。
これはちょっと異様な事態です。普通では考えられないことです。ある宗教を信仰して
いる人がやってくる前に、信仰の対象や内容のほうが先にくるというのはおかしなことで
す。しかし、それが日本への仏教の伝わり方でした。

最初は拝むことから始まった

そのとき、欽明天皇は大臣の蘇我稲目《そがのいなめ》(?~五七〇年)に仏像を授けて言いました。

「試《こころ》みに拝んでみよ」

ここから日本仏教が始まったのです。

最初は当然、日本にお坊さんはいません。お坊さんなしで仏像が入ってきたわけですから、経典を読んだか読んでいないかはわかりません。読んでも意味がわからないでしょうし、仏像をもらった蘇我稲目は、それを自宅に祀《まつ》って拝むしかなかっただろうと思います。そして彼は、実際にひたすら仏像を拝みました。

ちょうどその頃、日本で疫病が流行りました。すると、疫病が流行ったのは仏像を拝んだためのたたりだということで、その仏像を難波《なにわ》の堀江に捨てたと『日本書紀』に書いてあります。

ただ、これには最近、神道系の研究者が「そうではないのではないか」と異を唱えています。忌み嫌って捨てたわけではなく、蘇我稲目の拝み方が日本人的な拝み方だったということではないのかというのです。

それはどのような拝み方かというと、まず、仏像を人形《ひとがた》とみなしたというのです。ひな祭りのひな人形などもそうですが、昔はそれらの人形にたたりやけがれを全部植えつけて、それを海に流したのです。

「てるてるぼうず、てるぼうず、あした天気にしておくれ」という歌がありますが、あのてるてるぼうずも、要するに「もしも天気になったなら甘酒飲ます」と言って供養をし、最後には海に流すのです。

続けて、「もしも天気にならないで、雨が降ったら、おまえの首をちょん切るぞ」となります。

首をちょん切って、やはり海に流してしまうのです。だから、「海に捨てた」というのはいわゆる仏教的な拝み方を知らなかったからではないかというのです。「ああ、天然痘が流行った。伝染病が流行った。これはいかん」と言って、それでけがれを仏像に移して難波の堀江に流したのではないか、というわけです。

このように、わが国に初めて伝来した仏像が捨てられたのは、仏教排斥ではないという説も最近出てきています。わたしも案外そうかもしれないと思います。それほど日本人は宗教上の問題で感情的になるような民族ではないからです。

「まあ、それほど悪そうなものでもないし、ちょっと拝んでおけばいいだろう」といった感覚で受け入れ、そして伝染病などが流行れば、それにすべて植えつけて「流してしまえ」と言ったり、あるいは「焼いてしまえ」と言って旧習どおりに実行したなどということがあったかもしれません。

しかし、その頃はまだお坊さんはいません。結局、儀式はマジカルな神官、呪術師のような存在に頼るしかなかったのではないでしょうか。例えば巫女《みこ》さんです。巫女が宗教的な役割を担っていたとすれば、初めは女性がお坊さんの行なうようなことに携わったのかもしれません。

実際、日本における最初の仏教の専従者というのはたいてい女性で、女性を尼さんにしてしまっているのです。酉年《とりどし》の娘さんなどが最初の犠牲になっているわけです。犠牲という言い方は誤解を与えるかもしれませんが、要するに女性が宗教的な役割を担わされたということです。

そういった時代を経て、結局マジカルなパワーを持ったお坊さんを国家が必要とするようになっていったのです。そこで、唐から鑑真和上を招いて正式なお坊さんの養成を始め、彼らに国家公務員の身分を与える必要が生じてきたというわけです。

ところで、なぜ国家はマジカルパワーを持ったお坊さんを必要としたのでしょうか。

ご利益信仰としての仏教

当時のお坊さんの役割は、普通の人が持っていないパワーを身につけることにありました。非常に呪術的な能力を身につけて、その人がお経を読むと、それによって雨が降ったり豊作になったりするというようなご利益を実現することがお坊さんの役割だったのです。この時代の仏教は、基本的にご利益信仰的なものだったと理解していただいていいと思います。

ですから、もちろん葬式などは行ないませんでした。そういうことを行なうと、けがれによってパワーが衰えるからです。お坊さんの役割は、天皇の健康を祈り、また国家の安泰を祈るということだったのです。

東大寺という存在も、盧舎那仏《るしやなぶつ》を象徴的な中心として各国々に国分寺・国分尼寺を置き、いわば東大寺をホスト・コンピューターとして、全国の国分寺・国分尼寺を端末ネットワークのようにしてそこでお坊さんたちが『金光明経《こんこうみようきよう》』とか『法華経』などを読んでいたのです。

しかし、そういう行為は単に呪術的な力を引き出すためになされていたようです。当時は強い言霊信仰《ことだましんこう》のようなものがあり、ことばの持っている霊的な力で自然現象を変えていこうとしていたのでしょう。それによって病気を治したり治安を維持したりする役割を担っていたのです。

奈良時代以前の仏教は、国家仏教というよりもそういうマジカルな仏教、ご利益信仰のような機能が中心となった仏教でした。そういう中で、前述のように、政治と結託した道鏡のようなお坊さんが出てきたりするわけです。

桓武天皇登場

そういう状況の中で、桓武天皇（在位七八一～八〇六年）が登場します。桓武天皇は、ある意味で古代天皇制の最後の天皇だと思います。桓武天皇のあとに平城《へいぜい》天皇（在位八〇六〜八〇九年）が即位し、それから嵯峨《さが》天皇（在位八〇九〜八二三年）と続くのですが、この嵯峨天皇は桓武天皇とまるで性格がちがっていました。

桓武天皇は、自分で直接政治を行なおうとする「天皇親政」主義者です。一方の嵯峨天皇は、自分で政治を行ないません。政治のほとんどを藤原氏に任せる「摂関政治《せっかんせいじ》」を採用しました。摂政《せっしょう》・関白《かんぱく》に政治を任せて、自分は文化人として遊んでいたのです。この天皇が、日本の歴史の一つの大きな転換期だったとわたしは見ています。

余談ですが、それ以後「親政」にしようとした天皇は二人だけです。一人は後醍醐《ごだいご》天皇です。後醍醐天皇は、鎌倉幕府を倒したあとでもう一度天皇親政に戻そうとしたのですが、結局はうまくいきませんでした。そしてもう一人、天皇親政を実際に行なったのは明治天皇でした。

しかし、その後継の大正天皇は、「天皇のあり方がおかしい」と言って明治天皇の親政的なやり方を変えようとしました。それで慌てた山県有朋《やまがたありとも》などがいろいろ画策し、大正天皇を退位させて昭和天皇を担ぎ上げたのです。こうして山県などに祭り上げられた昭和天皇でしたが、結果として日本は焦土と化してしまいました。やはり天皇は象徴でいるのがいちばんということです。

では、大正天皇の意図はどういうところにあったのかというと、天皇は政治をやらなくてもいいと考えていたと思うのです。日本は立憲君主制なのだから、むしろ天皇は「飾りもの」でいいと思っていたのではないでしょうか。

話を戻しましょう。とにかく、桓武天皇は天皇親政、天皇自身がみずから政治をやるという姿勢を貫きました。

よく言われることですが、政治は魔物だと思います。いつの時代であろうと、政治は妖怪です。政治を行なうとなると、どういうことになるかといえば、対立する人間を全部殺していかざるを得ないのです。政治というのはそういうおどろおどろしいものです。決してきれいなものではありません。いつも反対派に対して弾圧を加え、のけものにし、やっつけ、場合によっては殺していくのです。

桓武天皇は、平城京において政治が道鏡のような連中に毒されている状況を目の当たりにし、それをもう一度親政によって立て直そうと試みました。政治家として立派な政治を執り行なわなければならないという意識が強かったのです。取り巻きのお世辞使いのような臣下を切り捨て、しっかりした政治を行なおうと思ったのです。

その意図はすばらしいと思います。しかし、政治は評価の問題ですから、その志や態度は政治的評価とはまた別ものです。むずかしいところです。

しかし、桓武天皇はそういう意味では非常にまじめにものごとに取り組む実直な政治家であったと思います。そして、親政によって急進的な改革を行なった天皇です。それまでの特権階級や近臣者のおべんちゃら使いのような輩を切り捨てて、一部の権力と結びついて政治がゆがめられている奈良から平安京へ遷都しました。いろいろな乱によって乱れてしまった政治を、もう一度正そうとして平安遷都を行なったのです。

しかし、同時に桓武天皇はそれだけの優れた政治家ですから、政敵に対する弾圧も加えたでしょうし、大勢の人を殺してもいます。

ことに弟の早良親王《さわらしんのう》を殺してしまったことは大きな出来事でした。桓武天皇が最後に苦しめられるのは、怨霊《おんりょう》によってでした。自分が殺していった政敵たちの怨霊におびえて、ノイローゼ状態になってしまいます。いわばたたりを受けたのです。これは政治家の宿命なのでしょう。

こうして、桓武天皇は側近の和気清麻呂などから祈禱師《きとうし》として最澄を推薦されました。和気清麻呂が最澄のスポンサーになっていたからです。

最澄は和気清麻呂の口利きで、桓武天皇のおそばに入ることになりました。高雄山寺《たかおさんじ》（＝神護寺《じんごじ》、京都市右京区）は和気氏の氏寺です。最澄はここで何度も法会《ほうえ》を催し、のちになると空海を入寺させることになるのです。

スポンサーとしての桓武天皇

延暦二十一年（八〇二年）、最澄はこの高雄山寺で『法華経』を講義しました。それによって、桓武天皇との結びつきをいっそう強めることになります。

桓武天皇は、最澄をそれまでにいなかった非常に優れたお坊さんとして評価しました。ことに『願文』などを読んでいたく感激したのです。

桓武天皇は、奈良の轍《てつ》を踏まず、僧侶たちに都を支配させないために平安遷都をしました。しかし、その桓武天皇にも、精神的なものを求めるところがあったのです。それを真の意味で提供してくれたのが最澄でした。そういうことから、桓武天皇は最澄のみをひいきしてスポンサーになったのです。

和気清麻呂の子、広世《ひろよ》・真綱《まつな》らがお膳立てした最澄を講師とする高雄山寺での法会に、奈良の学僧たちが招かれました。この真意は、奈良の僧侶たちを最澄の膝下《しっか》に置くことにありました。つまり、これは桓武天皇から奈良の学僧たちに対して、

「ぜひとも最澄の『法華経』講義を聞いてこい」

と「命令」されたのと同じことだったのです。

招待を受けた奈良のお坊さんたちは、最澄の講義を聞きに行かなければなりません。聞きに行った以上は、それを桓武天皇に報告しなければなりません。桓武天皇が「どうだったか？」と聞けば、「はい。すばらしい講義でした……」と言わざるを得ないでしょう。だから、最澄にしてみれば、桓武天皇がスポンサーになってくれたのはありがたいものの、逆にそれで敵をつくるということになってしまったのです。いいこともあれば悪いこともあるのが浮き世の義理です。

マジカルパワーを求めた天皇

桓武天皇が最澄に求めたものは、最終的には自分を悩ませている怨霊を、最澄のマジカルなパワーで払ってほしいということでした。そういう意味で非常に最澄に期待したのです。奈良仏教と縁を切っておきながらも、やはり政治家が仏教に求めるのはそういうマジカルなパワーなのです。

最澄にもっともっと大きなパワーを持ってほしい桓武天皇は、こう言って応援します。

「一宗一派を開け。奈良仏教とちがうおまえの一宗一派を開け」

そして、「おれの悩みを救ってくれ」「怨霊を払ってくれ」とさらに求めます。最後は、桓武天皇の周りは怨霊だらけで、精神病の症状を呈していました。いまでいう統合失調症（精神分裂病）の状態で生きていたのではないかと思います。

とにかく、桓武天皇はなんとかして自分の悩みを救ってほしいと思っていました。周りでは、皇后が亡くなったり、身近な人がどんどん死んだり、ほかにもいろいろ不吉なことばかりが起こっていたからです。桓武天皇の精神病症状の苦しさ、当時の怨霊のこわさのようなものは、いまのわたしたちの感覚ではとうてい理解できないすさまじいものだったにちがいありません。

さて、それだけ頼りにされた最澄は、その期待に応えなければなりませんでした。そして応えようとしました。だから、天台宗の開宗も、桓武天皇の勧めがあってはじめて実現することになったのです。

では、最澄は桓武天皇に何を求めたのかというと、別に何も求めてはいません。天皇のほうが一方的に最澄に、「自分の悩みを救ってくれ」と懸命に頼んできただけです。しかし、結局は最澄もその勧めを受けて天台宗を開くことになりました。一宗一派を立てたのです。

でも、彼はまじめですから、「ああそうですか」と天皇の尻馬に乗って安易に一宗を立てるという考えはありません。最澄は真剣に、「自分はどういう宗教を開くべきなのか」と考えました。

その頃、日本人が独自で新たな宗派を立てるなどとは、誰も考えもしなかったことです。

宗派というのは、すべて中国の偉いお祖師さまがつくられたものだと思っているし、中国のお坊さんにしかできないと考えられていたからです。

それまでの奈良仏教、つまり南都六宗《なんとろくしゅう》といわれる華厳宗《けごんしゅう》・法相宗《ほつそうしゅう》・三論宗《さんろんしゅう》・律宗《りつしゅう》・倶舎宗《くしゃしゅう》・成実宗《じょうじつしゅう》といった宗派は、いずれも中国にもともとあったものが、そのまま日本にストレートに入ってきたものです。

それを新たに日本で開くというのですから、これは大変なことでした。しかし、天皇にしてみれば一宗一派の宗祖からじきじきにマジカルパワーで治療してほしいわけです。そういう意味で桓武天皇は最澄に「一宗を開け」と言っているのです。

しかし、最澄にとって、一宗を開くとしたら『法華経』を中心に置く天台教学しか考えられませんでした。そのためには、天台の教学を自分でしっかりと勉強したいという切実な願いを持っていたのです。最澄にしてみれば、自分を振り返っていまの実力ではダメだという思いがあったのです。

当時日本にあったいろいろな仏教の文献は、多くが誤字・脱字だらけでした。最澄は本場である中国に渡り、ほんとうの天台教学を勉強したいと思いました。そして唐に留学することを願い出たのです。唐に渡って成果をあげて帰ってきたら、天皇が勧める新しい宗派を開きましょうと言って、ついに彼は唐に渡ることになったのでした。

このように、最澄は唐に渡る前から、「一宗を開くときには天台だ」という気持ちを持っていました。彼は、

――一乗仏教――

に基づく宗派を開こうと考えていたのです。では一乗仏教とは何か。それについてはあとで詳しく述べましょう。

唐への留学

その頃は遣唐使が定期的に派遣されていたので、留学もある程度制度化されていました。それによると、当時の留学には二種類の形態がありました。一つは一年ないし二年くらいの期間渡唐することになる「還学生《げんがくしょう》」、いわゆる短期留学です。それともう一つは、二十年という長期間唐にとどまって学ぶ「留学生《るがくしょう》」です。最澄は、還学生の資格で唐に行くこ

とになりました。三十八歳のときです。

延暦二十三年（八〇四年）七月、最澄の乗った遣唐使船四隻が、肥前国《ひぜんのくに》（長崎県）の田浦《たのうら》を出航しました。しかし、途中で暴風にあいます。このとき最澄が祈りをささげると嵐がおさまり、順風となったといいます。

嵐で船団はばらばらになりながらも、最澄が乗った第二船は九月一日、目的地の明州《みんしゅう》に無事に着くことができました。

ここで、前の話に戻ってもう少し言っておくと、彼は唐に渡って天台教学を学ぼうとしているのですが、実はその当時の唐では、もう天台教学は古臭いものとなっていたのです。例えて言えば、いまのご時世でマルクス主義を学びに外国へ行くようなものです。

迎え入れる側の中国人にしてみれば、「何をいまさらあんな古臭い仏教を学びにきたのか」と、意外に思ったことでしょう。実際、時代遅れもはなはだしかったのです。しかし、まじめな最澄は、すでに「自分は天台」と決めているので、明州に着くとすぐに天台山に向かいました。当時の都は長安（いまの西安）ですから、天台山というとやはりいなかです。しかし、彼はわき目もふらずに台州《たいしゅう》の天台山へと向かっていきました。

これは有名な話ですが、最澄が中国に渡った同じ遣唐使船団の別船には、のちに真言宗の開祖となる空海が乗船していました。そして、空海の場合は長安に向かったのです。長安で、彼は当時の最先端の仏教を学んで帰ってくることになります。密教です。ですから空海にしても、「最澄は何をしに唐へ行ったのだろう」と思ったことでしょう。

台州へ着いた最澄は、そこで中国天台宗第七祖の道邃《どうずい》から教えを受け、天台教学の奥義と大乗菩薩戒を授かりました。また、天台山国清寺《こくせいじ》座主《ざす》の行満《ぎょうまん》からも天台の教理を学んでいます。ほかにも禅宗の僧侶から牛頭禅《ごずぜん》を受けるなど、古い学問なりに最澄の留学の成果はすばらしいものでした。

延暦二十四年（八〇五年）、明州へ戻った最澄は、帰りの船が出るまでの時間を利用して越州《えつしゅう》に向かいます。そこでは、不空三蔵《ふくうさんぞう》の高弟、龍興寺の順暁《じゅんぎょう》から初歩的な密教の灌頂《かんじょう》を受けて、密教経典も少し手に入れました。そして帰国の途に就くのです。最後に付録のように受けたこの密教の灌頂が、のちに自分のアキレス腱になるとは最澄も思ってもいませんでした。

最澄の乗った船が博多に着いたのは、この年の六月のことでした。約一年ぶりに故国の土を踏んだことになります。

天台宗の開宗と桓武天皇の崩御

七月に帰京を果たすと、桓武天皇はすでに病の床にありました。天皇は、最澄が持って帰ってきた仏教教学の中で、密教にいたく関心を示します。桓武天皇にしてみれば、最澄は密教というういちばん最先端の「医療」を学んできたと受け取ったのです。その医療、つまり最澄の祈禱を受けた桓武天皇は、

「これだ。すばらしい」

と言って、すっかり密教にほれ込んでしまいました。最澄の立場から言えば、

「わたしはそんなものを目指したのではありません」

と言いたいところだったでしょう。自分は天台宗を開きたいのに、桓武天皇のほうでは、「おれの病気を治すのにはこっちのほうがいい」と、勝手に密教にほれ込んでしまったのです。

これを医者の話に例えるならば、外国に病理学を勉強しに行って、ついでに最先端の手術も少し学んできた人（最澄）がいたとします。その手術の方法が密教だと思えばいいわけです。ところで、患者（桓武天皇）の立場とすれば、「はやく手術をしてくれ」と言っているのに、「まずは食事療法から……」などと言われたら困ってしまいます。まあ、そういうものだと思えばわかりやすいでしょう。

そういうわけで、桓武天皇は「一宗一派を開いてもいい」として、最澄の天台宗にも年《ねん》分度者《ぶんどしゃ》二名の割りあてを与えました。年分度者とは、毎年正式に出家させる朝廷公認の僧の定員のことで、天台宗からは二名を公認するという許可が与えられたわけです。

公認ですから、生活費は朝廷から出費されます。ところが、これにはとんでもない条件がついていました。それは、天台教学を専攻する者（止観業《しかんごう》）と密教を専攻する者（遮那《しゃな》業《ごう》）各一名ずつにせよ、というものでした。

これはつまり、「一人は密教をやれ」という命令です。この条件は、最澄にとって非常に大きな齟齬《そご》をきたすものです。自分は天台教学だけをやりたいのだけれども、天皇から下された勅命ですから、「密教はやりません」というわけにはいかないのです。要するに、自分は文学部をつくりたかった大学理事長が、文部科学省から「文学部と同時に法学部も設けろ」と言われたようなものです。

桓武天皇はそれだけ怨霊に悩まされており、必死になって密教を求めたのだろうと思います。しかし、結局は最澄の持って帰ってきた密教では癒されずに亡くなっていくというのが桓武天皇の最期です。

延暦二十五年（八〇六年）三月、桓武天皇は崩御しますが天台開宗の勅許は同年一月に下りたばかりでした。これが最澄と桓武天皇との出会いの顚末です。

第三章

一乗仏教

菩薩の道

唐から帰朝して比叡山に天台宗を開いた最澄ですが、前にも述べたように、彼が目指したものは、

――一乗仏教――

でした。では「一乗仏教」とは何かといえば、それは、

――『法華経』に基づく仏教――

と言い換えることができます。では『法華経』には何が説かれているのか。それを最澄の『法華経』理解によって説明するならば、こうなります。

それまでは、お釈迦さまは小乗仏教で声聞《しょうもん》と縁覚《えんがく》を導き、大乗仏教に至って菩薩《ぼさつ》の道を示されたといわれていました。小乗仏教とは大乗仏教の側から呼んだ軽蔑のことばで、自分一人だけの悟りを求めて満足している小さな仏教という意味です。その代表に、お釈迦さまの声を直接聞いた直弟子の「声聞」と、師なくして独りで悟りを開き、人に説こうと

しない「縁覚」があげられます。

これに対して、大乗仏教は自分一人の悟りではなく、みんなでいっしょに大きな船に乗って悟りの岸に渡ろうという宗教です。こういう精神にのっとって悟りを求める人を「菩薩」といいますが、その意味で、大乗仏教は「菩薩の仏教」ということができます。

さて、『法華経』では、お釈迦さまが説きたかったのはその両者を超えた「一乗仏教」の立場だというのです。悟りの岸に渡る方法を乗り物に例えて、「声聞乗・縁覚乗」という二乗と、それに「菩薩乗」を加えた三乗があるといいますが、ほんとうは二乗も三乗もなく、みんな一つの教え――一乗――なのだ、ということです。だから、声聞も縁覚も菩薩も、ともに仏になれるというのがお釈迦さまの主張である、最澄はそのように理解して、これこそがほんものの仏教なのだと思ったのです。

とはいうものの、この一乗仏教は「菩薩の道」を基本としています。声聞や縁覚は、自分たちにはお釈迦さまと同じ最高の悟り（無上等正覚《むじょうとうしょうがく》）は開けないとして、その下の「阿羅漢《あらかん》」の悟りを目指していました。それに対して、菩薩は阿羅漢などという境地ではなく、つねにお釈迦さまと同じ最高の悟りを目指して歩き続けます。だから、声聞も縁覚もそれに気づけば菩薩の道を歩めます。最澄は『法華経』をそう理解し、理想の道を歩もうと思ったのです。

ところで、「みんなが一乗」とはどういうことでしょうか。これは普通、みんなが成仏できる可能性を持つという意味だと解釈されています。

では、「あらゆる人が仏になることができる教え」を一乗思想、一乗仏教というふうに考えていいのでしょうか？　一言で「あらゆる人が仏になる……」と言いますが、ここにはそう単純でないものが含まれているような気がします。最澄の視野に入っていたものが、いままでの言い方ではなかなかとらえられないからです。

あえて言えば、わたしはひょっとしたら最澄の目指したものは「在家仏教」といえるものではないか、という気がするのです。

ここで、素朴に「どうして出家が必要なのか？」と考えてみてください。前に、修行に先立って立てる「衆生無辺誓願度」という誓願について述べました。ここで言っている「衆生」とは、お坊さんだけではありません。ところが、一般に、「仏教というのは仏になることだ」と言い、「仏になる」ということはイコール「お坊さんになること」だと思ってしまう傾向があります。

仏教学者もほとんどがそういう角度で論じています。「仏教の目的」は「悟りを開く」ことであり、そのためにはみんなが出家しなければならないという無前提の前提があるような気がします。

その論法でいくと、「みんなが仏になる」ということは、まずみんながお坊さんにならなければならないということになり、「みんなが仏になれる」ということは、「みんながお坊さんになりなさい」と言っていることになってしまいます。はたして最澄はそのようなことを言っているのでしょうか？

最澄が求めた仏教

「お坊さん」ということで、少し寄り道をしましょう。日本仏教の恩人聖徳太子は、みずから制定した『十七条憲法』の「第二条」に、

「篤《あつ》く三宝《さんぼう》を敬え。三宝とは仏・法・僧である……」

という意味のことを記しています。さて、ここで言っている「僧」とは、お坊さんのことでしょうか。そう受け取ってしまいがちですが、なにせ六〇四年のことです。鑑真和上が来朝する百五十年も前のことですから、もちろん日本にはまだお坊さんがいない時代です。ということは、聖徳太子は仏教に篤く帰依《きえ》した方ですが、このことばにお坊さんという意識はなかったと思います。

この「僧」とは、「仏教を奉ずる人々」という意味です。ですから「在家」も入っています。もちろん聖徳太子も在家の人間です。

ちなみに、最澄は弘仁《こうにん》七年（八一六年）、四天王寺（大阪市天王寺区）の聖徳太子廟《びょう》に詣《もう》で、

いま、わが法華聖徳太子は、これ南岳慧思大師の後身なり。……興福寺の沙門最澄、愚なりといえども、願くはわが師の教を弘めんことを。

（『弘仁七年偈四天王寺聖徳太子廟詩《こうにんしちねんげしてんのうじしょうとくたいしびょうし》』）

と祈願を捧げ、『法華経』の一乗仏教を弘めたいと願っています。

さて、仏教といえばお坊さん＝僧侶を連想しますが、そもそも僧侶というのは必要なのでしょうか？　わたしたちは、僧侶を前提とした仏教を当たり前のように考えていますが、先入観を取り除いて考えてみましょう。

最澄はどうだったのでしょう。彼自身も出家して僧侶集団を比叡山でつくりましたから、出家こそ仏教への道だと考えたのでしょうか。

最澄が求めた仏教とはいったいなんだったのだろうかと考えてみると、かならずしもそうとは言えないような気がします。法華仏教ということばがありますが、法華仏教の中で「お坊さん」が論じられているわけではありません。『法華経』が言っているのは、お坊さんになれという「お坊さんの道」ではないと思います。『法華経』は、

——仏所護念《ぶつしょごねん》、教菩薩法《きょうぼさつほう》——

といっています。これは、「仏が護念するところは、菩薩を教える法だ」ということです。あくまで菩薩が大事なのであって、僧になれと言っているわけではありません。ところが、いまの日本人はみんな、仏教学者も含めてお坊さんに視点を置いて論じてしまって

いるのです。

「菩薩」とは在家が中心である

先ほど、一乗仏教は「菩薩の道」だと言いました。菩薩というものを厳密に定義すれば、その中に出家者も含まれているのですが、わたしはそれをあえて「菩薩とは在家が中心になる」と言い切りたいと思います。

「出家もみんな含まれる」と言うと、どうしてもお坊さんが中心になってしまいます。だからそうではなく、「菩薩とはお坊さんが中心ではなく、在家の人間が中心になる」と考えてみるのです。すると、菩薩乗というのは「出家主義はよくない」という教えだと解釈できそうです。

普通「大乗仏教」といった場合、小乗に対する大乗ということで、そこにおいてもお坊さんが中心になっています。でも、それはちがうのです。それだと最澄の『願文』の意味がなくなってしまいます。

――衆生無辺誓願度（わたしは誓って「みんな」を救いたい）――

最澄は『願文』でそう言っています。これは逆にいえば、お坊さんのことなんて一言も言っていないと思うべきなのではないでしょうか。


伏して願わくは、悟りの美味を一人で飲まず、安楽の果を一人占めせず、この真理の世界に生きる一切衆生とともに仏の悟りの位にのぼり、この真理の世界に生きる一切衆生とともにほとけさまの悟りのすばらしい味を楽しみたい。

（『願文』）


この最澄のことばを聞くと、決してお坊さんの話をしてはいないことがわかります。ということは、天台仏教は「在家のための仏教」なのです。

――一乗仏教とは在家のための仏教である――

そう理解してほしいのです。すると、最澄が考えた仏教とはいったい何かというと、

――出家主義はダメだという仏教――

ということになります。

これはまた極端な言い方だと思われるかもしれませんが、そこまで言い切ったときに初めて最澄の思想が見えてくるのです。「出家主義はダメだ」ということを彼が言ったのは、「戒を捨てる」という行為にあらわれています。最澄は、二百五十戒という小乗戒を捨てます。つまり、東大寺の戒壇を否定したのです。

戒律とは何か?

わたしたちは、つね日ごろなんの疑問もなく〝戒律〟ということばを使っていますが、じつはサンスクリット語には〝戒律〟ということばはありません。あくまでも〝戒〟と〝律〟なのです。〝戒律〟というワンセットになったことばはどこにもありません。

「戒」とは、サンスクリット語で〝シーラ〟といい、「習慣」を意味します。仏教徒である限り、いい習慣を身につけたいというのが、「戒」の意味なのです。

「戒」は習慣ですから、もちろん悪い「戒」もいっぱいあります。やくざにはやくざの戒があるわけです。やくざでもやってはならない、犯してはならない、そういう戒はあるでしょうし、泥棒には泥棒の戒があるので、別にいい戒ばかりとは限りません。

仏教徒が守るべきとされている戒は、

――五戒《ごかい》――

と呼ばれます。仏教徒であれば、この五戒を保つことが戒を持つという意味になります。五戒のほかにも「十善戒《じゅうぜんかい》」などがありますが、基本的には五戒でいいのです。

最澄の場合は、『梵網経《ぼんもうきょう》』に基づく「十重禁戒《じゅうじゅうきんかい》」を立て、次の項目を戒として提示しています。

不殺生戒《ふせつしょうかい》……殺さない
不盗戒《ふとうかい》……盗まない
不淫戒《ふいんかい》……淫らな行為をしない
不妄語戒《ふもうごかい》……うそをつかない
不酤酒戒《ふこしゅかい》……酒の売買をしない
不説罪過戒《ふせつざいかかい》……他人の過ちを責めない
不自讃毀他戒《ふじさんきたかい》……自分を誇ったり、他人を貶めない

不慳貪戒《ふけんどんかい》……物も心も施しをけちらない
不瞋恚戒《ふしんいかい》……怒りで自分を失わない
不謗三宝戒《ふぼうさんぼうかい》……仏法僧をそしらない

以上の十ですが、最初の四項目は五戒と共通しています。五戒の最後は「不飲酒戒《ふおんじゅかい》」ですが、十善戒ではそれが「不酤酒戒」になります。酒の売買をしないようにしようとなっています。流通させることが人を堕落させることになるということでしょうか。

五戒を基本にして見ていくと、最初は「不殺生戒」です。これは「一切の生き物を殺さない習慣を身につけよう」ということです。わたしたちは蚊を見たらピシッとたたいてしまいますが、たとえ蚊でも殺さない習慣を身につけるのが不殺生戒です。

次の「不盗戒」は五戒では「不偸盗戒《ふちゅうとうかい》」といい、人のものに手を出したりしない習慣を身につけることです。以下、「不妄語戒」はうそをつかない習慣を身につけること、「不邪《ふじゃ》淫戒《いんかい》」は自分の伴侶以外の男女とみだらな行為をしたりしない習慣を身につけること、「不飲酒戒」はお酒に飲まれない習慣、いや、これはわたしの解釈で、飲まない習慣を身につけること、と続きます。

「戒」と「律」のちがい

戒というものは「習慣を身につけよう」ということであって、別に破ったからといって、それに対する罰といったものは別段ありません。仮に蚊をたたきつぶしてしまったからといって、ペナルティを課されるわけではないのです。

早寝早起きの習慣を身につけたいと言った人が、寝坊したら怒られるという理由はありません。自分の問題だからです。それと同じことです。戒とは、そのように習慣を身につけることなのだと理解してください。

ところが、お坊さんの場合は、「習慣を身につけよう」だけでは通用しません。なぜなら、団体生活をしているからです。例えば、みんなで早起きをする習慣を身につけようと約束したのに、一人が遅くまで寝ていると、ほかの人は朝食もとれないかもしれないし、ほかの作業もできないかもしれません。団体生活ですから、全員が起きてくるまで何もできないという可能性もあるわけで、そうなるとみんなに迷惑をかけことになります。

ですから、集団生活をしているお坊さんに対しては、「律」が定められます。そして、律にはペナルティが課せられます。それを破ったときにペナルティを与えないことには、集団が運営できないからです。つまり、定めを破ったものに対する罰則規定が「律」なのです。

したがって、在家信者には戒はあるけれども律はありません。しかも、その戒というものは遵守《じゅんしゅ》不可能なものです。五戒にしても十善戒にしても、ほんとうは基本的に守れるはずがありません。

だってそうでしょう。例えば生き物を殺さないようにしようといわれても、わたしたちは殺さずには魚も食べられません。「おれは殺していない。魚屋さんが殺したのだ」と言うとすれば、これは子分に汚いことをやらせるやくざの親分と同じです。自分の手を汚さなければ何をやってもいいということになってしまいます。もし無理にでも戒を守るとしたら、このような汚いやり方にならざるを得ないでしょう。

大企業の社長が「わたしは知りません」と言って部下にうそをつかせ、ばれてしまったなどという出来事がたくさん露呈しています。多くの政治家連中も同じことをやっています。「あれは秘書がやった」などと言って責任を押しつけようとしていますが、そんなのはみんなインチキです。だから、何がなんでも戒律を守ろうとすると、どうしても汚くなってしまうのです。

「戒」とは、本来的に「守れ」ということではありません。むしろ、破らざるを得ないわたしがいるということが前提です。しかし、守る習慣が身についていれば、その習慣を破ってしまったとき、齟齬が生じて反省の気持ちが首をもたげます。例えば、朝起きて歯を磨く習慣のある人がそうできなかったとすれば、その日はなんとなく気持ちが悪いでしょう。その気持ちが大事なのです。

自分がうそをついたときに、「あっ、しまった。うそをついてしまった」と反省する。そして、しっかりそれを「申し訳ありませんでした」と懺悔する。仏教では〝さんげ〟と読みますが、この、

――懺悔――

こそが戒の本質なのです。

戒律の裏表

わたしたちは、「戒」と「律」のちがいを忘れて「戒律」というかたちでごっちゃにして受け取り、戒律は守らなければならないものと考えがちです。でも、そうなってくると、じつは戒律を守るということは汚くならざるを得ないのです。

例えば小乗仏教では、二百五十戒の中に「金銭を身につけてはならない」「金銭を使ってはならない」という決まりがあります。すると、お坊さんは絶対にお金を持ってはいけないのかというと、これがとんでもない。持っているのです。この決まりをただ自分が直接受け取らなければいいと解釈して、寺の中には事務員や在家の人間がいるので、その在家の人たちに受け取らせているのです。

わたしはスリランカに行ったときに、ちょっと意地悪をしてみました。わたしはこの戒律のことはよく知っているのですが、みんなからその場で寄付を集めて、そのお金をお坊さんに、「これはドーネーション（寄付）です」と言って差し上げたのです。すると、お坊さんは「ノーノー」と言いました。そこでわたしが「いらないのね」と言って引っ込めると、今度は慌てて隣の部屋に行ってお盆を持ってきて、「お盆の上に置け」と言うのです。わたしがお盆の上に置き、あとで自分がそれを取れば直接受け取ったことにはならない、という論法なのでしょう。きれいなやり方ではありませんね。

それから「壊生果戒《えしょうかかい》」といい、「生きている果物を壊してはならない」という戒律があります。それを守ると、木になっているリンゴは生きているから食べられないことになります。それではほんとうに食べてはいけないのかというと、そうではないのです。

在家の人間を呼んできて、「あれを取ってくれ」と言えばいいのでしょうか。いいえ、それでは戒律を犯したことになるのです。そこで、在家の人に向かって「これを知れ」と言うわけです。すると、「ああ、食べたいのだな」と察して取ってくれます。これは「浄語」ということばで言い表されています。清らかなことばだというのですが、ほんとうでしょうか。

「取ってくれ」と言えば不浄語で、「これを知れ」と言えば相手が気をきかせて動いてくれるから浄語になる……。疑問は残りますが、まあいいやと妥協したとしても、この時点ではまだリンゴは生きています。するとどうするかというと、刀でちょっと傷をつけてもらうのです。これで死んでしまったということで、もう食べてもいいということになります。ミカンでも、ちょっと傷をつけると死んだことになるから食べられるようになります。

このように、小乗仏教のお坊さんたちは、在家の人間を使うという手段で戒律遵守をクリアしています。ですから、小乗仏教のお坊さんの二百五十戒の守り方は汚いといわれてもしかたがないと思います。

ここに気がついたのが最澄です。だから彼は、「わたしはこの戒を捨てる」と言いました。これはつまり、「お坊さんをやめよう」ということだと思うのです。仏教は僧侶のためにあるのではない。出家のためにあるのではない。わたしたちみんなで在家の道を歩もうというのが最澄の願いだったにちがいありません。それが一乗仏教なのです。

一乗仏教とは、「みんな在家なんだよ。菩薩なんだよ」ということです。最澄の願いは、「みんな菩薩として生きよう」ということです。それが最澄の思想です。ただ、ここまで言い切ってしまっていいのか、となれば、少し疑問もあります。が、わたしは基本的にはそう受け取っています。

小乗戒を捨てた最澄

弘仁九年（八一八年）、最澄はついに戒律を捨ててしまいました。当時は、東大寺で受戒しないと僧侶にはなれませんでした。最澄は、それはおかしいではないかと考えたのです。お坊さんがマジカルなパワーを身につけて、自分は清らかな生活を送り、悪いことは他人にやらせておく。そして、みずからはのうのうと聖僧であるとおさまっている。そんな仏教の戒律を受けなければ僧侶になれないというのはおかしいと考えたのです。

「それは仏教とはちがう。みんなが救われるのが仏教である。出家主義に立脚する奈良仏教はおかしい。あのような戒律はいらない」

最澄はそう自分に言い聞かせました。そして、こうつけ加えました。

「戒律はいらないけれども、戒はいる。戒というのは、仏教者にふさわしい習慣性を身につけることだから、それは大乗菩薩戒なのだ」

つまり、小乗戒（二百五十戒）ではもはや通用しないというのが最澄の宗教改革運動だったのです。東大寺に行って受戒するということでは、小乗仏教徒になってしまいます。だから比叡山で大乗仏教徒である菩薩としての戒を授けること、そのような「授戒」が大事なのだと考えたわけです。

それはちょうど誓願と同じです。誓願でまず願いを起こし、そしてその道を歩んでいく。歩んでいくときに、戒というのは羅針盤のようなものです。どの方向に歩んでいいのかわからないわたしたち人間にとって、戒は方向を示す羅針盤なのです。

かといって、その羅針盤どおりに歩もうというのは小乗仏教です。羅針盤から一歩でもはずれると「罰則だ」といってむち打たれる、そんなばかな話はないと思います。現実には、まっすぐ北に向かいたくても、時には回り道をしなければなりません。一度南に下がって迂回《うかい》していくことだって重要な〝戒〟なのです。

ほんとうはそういう戒こそ、

――大乗戒（菩薩戒）――

なのです。最澄は、この大乗戒を比叡山の戒壇で授戒できるようにしたいと考えたのです。これに関して、せっかく比叡山で養成した僧侶が、東大寺で受戒するとその途端に奈良にとどまってしまい、みんな奈良仏教に取られてしまうから最澄は独立運動をやったというように解釈する学者がいるのですが、そこは大きな問題ではありません。

最澄ははっきりと、「一乗仏教とは在家仏教だ」と言いたかったのだと思います。その指導者としての僧侶の必要性は考えたでしょうが、本質はやはり一切の人、すべての人が救われる仏教でありたいと考えていたはずです。

ただ、方法論として、一気にはできないから徐々に指導者の問題から解決していこうということはあったでしょう。しかし、最澄の思想としては出家仏教を否定していたと思います。出家仏教は小乗仏教だという認識があったと思うのです。

大乗戒壇の設立

その最澄の願望は、比叡山に大乗戒壇の設立を許可してもらいたいという朝廷への奏上となってあらわれます。しかし、結局最澄が生きている間は勅許が下りませんでした。そして、勅許は最澄が亡くなって七日目にようやく下りたのです。最澄が亡くなってしまったので気の毒だという同情論もあり、奈良仏教が折れて認められるようになったわけです。

この最澄の生涯の悲願であった大乗戒壇の設立は、要するに出家仏教否定の象徴だったのだと思います。

出家主義仏教は、アジア全体を支配していました。のちに曹洞宗の開祖となる道元禅師（一二〇〇～一二五三年）が中国に留学したときに、長い期間寧波《ねいは》の港にとどめ置かれました。いっしょに行った明全《みょうぜん》はさっさと上陸して天台山に登っていったのに、道元は上陸を許されず、船でとどめ置かれたのです。

その理由は、やはり大乗戒の問題があったのだろうと思います。中国の仏教界から見れば、明全はしっかりと東大寺で二百五十戒を受けており、僧侶の資格がありました。しかし、道元は比叡山の出身で二百五十戒を受けていませんから、中国仏教界からいえば僧侶の資格はないと判断されたのではないでしょうか。そういう点でもわかるように、大乗戒を受けても正式な「僧侶」とはみなされていなかったのです。

当時、比叡山のお坊さんは僧ではなかったということです。二百五十戒を受けていないのだから、僧侶として認められなかったのです。いや、最近でもタイや中国では、日本のお坊さんをたいていはお坊さん扱いしてくれません。向こうでは、結婚しているお坊さんの存在などは考えられないのです。

現在は、わが国ではそれぞれの宗派で独自の授戒儀式を行なっているので、各宗派に合った「菩薩戒」になっています。もし現在でも二百五十戒を守れという決まりがあったとしたら、それではとても生活できません。いまのお坊さんは、菩薩戒だから暮らせるのです。

もう一度繰り返しますが、わたしは最澄の目指したものは「在家仏教」だったと言い切っていいと思います。これはまちがいありません。だから、今日の天台宗もそういう自覚を持って仏道を歩めばいいと考えています。

『法華経』は在家仏教

『法華経』は、

――如蓮華在水《にょれんげざいすい》――

という生き方を提唱しています。蓮華は泥や水があるからこそ、その中で花を開かせます。それと同じように、世間にあって世間の汚れに染まらずに菩薩行に励むということです。つまり在家仏教を勧めているのです。

その在家仏教ということで、最澄がほんとうに目指したかったところに、のちの法然・親鸞・日蓮がいます。彼らはみんな在家仏教に徹したということができると思います。そして比叡山出身でもあり、いわば最澄の正統な後継者ということもできるでしょう。同じ鎌倉仏教でも道元は少し異質ですが、やはり比叡山で学んでいます。

このように、『法華経』の精神は在家仏教なのです。

小乗仏教の場合は、はっきり「在家ではダメだ」と割り切って言います。在家のままでは絶対にダメで、出家しない限り成仏はできないと言います。

それならば、逆に「出家したらダメだ」というのが大乗仏教だということにはならないでしょうか。わたしが言っている「出家」という意味は、二百五十戒を受けるということです。いまのお坊さんが頭を剃ることを出家だと思ったら大まちがいです。

この二百五十戒を受けると、結婚もできないし、食糧を持ってもダメだし、生産に従事してもいけないし、金銭を持つこともできません。それが出家するということです。現実にはそんなことは不可能だから、他人の手を介するような汚い方法に走るわけです。その意味で、「だから出家してはダメだ」とはっきり言うことができるのです。

この精神に基づき、最澄はみずから弟子の前でいちばん最初に二百五十戒を捨ててしまいました。二百五十戒を背負った出家のままでいると、一切の世俗の活動ができないからです。

『法華経』の精神は、「世間にあって世間の汚れに染まらずに菩薩行に励む」ことにあるのですが、まだ「出家の道」も残されているとも記述されています。「阿羅漢」（大乗仏教では自利とされる）の道を行ってもいいとあるのです。

「ただ菩薩のみを教える」という言い方もしていますが、一方で「阿羅漢も菩薩である」とも言っています。その真意は、真の阿羅漢とは「菩薩ということを自覚した阿羅漢」であると言っているのです。

つまり、ほんとうの阿羅漢は自分を菩薩だと知っているということです。お釈迦さまの十大弟子の一人である舎利弗《しゃりほつ》（サーリプッタ）などは、自分が菩薩だということに目覚めたから「一仏乗」に入っているわけです。

『法華経』に、「一仏乗のみ教える。余乗の二、もしくは三なし」とありますが、これはただ菩薩乗のみを教えるということです。仏乗と菩薩乗は同じと考えれば、「菩薩のみを教える」ということになるでしょう。そうすると「仏所護念、教菩薩法」につながるわけです。そして、それこそが最澄の実践してきたことです。天台教学のあり方はそこにあるのではないでしょうか。

天台の五時教判

最澄が『法華経』の精神に基づく仏教を目指したことはいま述べた通りですし、彼は『法華経』を天台宗の中心に置きました。それはなぜなのでしょうか。

同時代の空海は、『大日経《だいにちきょう》』などを中心に真言宗を立てています。こちらは密教なのでちょっと置くとして、ほかにも仏教には「阿含経《あごんきょう》」「般若経《はんにゃきょう》」『涅槃経《ねはんきょう》』……などというお経がいっぱいあります。どういうちがいがあるのでしょうか。これらはすべてお釈迦さまが説いた教えであるとして、これを分類整理したのが「五時教判《ごじきょうはん》」といわれる考え方です。

「五時教判」によれば、いちばん最初にお釈迦さまが悟りを開かれたときに、まず『華厳経』を説かれたといいます。自分の悟りの境地をそのままお説きになったのです。しかし、これは誰にもわかりませんでした。あまりにも高度であり、難解すぎてわからなかったというわけです。

例えていうならば、濃い乳を搾《しぼ》って、その搾りたての原乳をそのまま赤ちゃんに飲ませたようなものです。消化しきれませんね。

わたしがモンゴルに行ったとき、馬乳酒《ばにゅうしゅ》（馬の乳からつくるお酒）の横に、馬から搾ったばかりの乳が置いてありました。「この搾りたてを飲ませてくれ」と言うと、モンゴル人が「ノー、ノー」と手を振り、慌てて隠すようなそぶりをするのです。

「なんだ、ケチだな」と思っていると、通訳が、「先生、ケチっているのではないんですよ。あれを飲んだらおなかをこわします」と言うのです。搾りたての乳はおなかをこわすのだそうです。だから、馬乳酒にする場合には搾りたての乳を棒でつついてならす作業をします。そうしないと発酵したお酒にはならず、おなかをこわしてしまうらしいのです。わたしたちは馬ではありませんから、搾りたての乳はとても飲めるものではなく、飲むと下痢をしてしまうということを初めて知りました。

同じように、お釈迦さまがご自分の悟った境地をそのままに教えたら、聞いているほうは消化不良を起こしてしまいます。難解すぎる教えをわかったようなふりをして聞けば、下痢をしてしまうかもしれません。われわれの生活にとってはかえって有害かもしれないのです。

仏教の教えにはこわいところがあります。教えを聞いて、「おまえ、こんな世の中、どうだっていいのだよ」と受け取ったとしたら、生産活動も社会生活もできなくなってしまいます。そういう意味で、『華厳経《けごんきょう》』を説かれても誰にもわからないといわれるのです。

そこで次に、お釈迦さまはもっと低い段階から教えを説かれたといいます。それが『阿含経』です。「あなたがたは出家しなさい。まずこの世の中を捨てて出家にならないといけないよ」という教えを説かれたわけです。

その段階を経て、次にお釈迦さまは「別に出家しなくてもいいんだよ」とおっしゃいました。「いままでは方便として出家するように教えたけれども、出家の道だけではない。出家は低い段階なのだ。ほんとうは、むしろ出家はダメなのだ」という教えを説かれた。それが「方等経《ほうどうきょう》」です。要するに大乗仏教を説かれたのです。

そして次の段階では、「出家はダメだと言ったけれども、出家だっていいのだよ。在家だっていいのだ。そんなにこだわる必要はない」という教えを説かれた。それが、「空」の思想を説いた「般若経」です。そして最後に『法華経』を説かれた。「すべてがすばらしい」という諸法実相《しょほうじっそう》の教えを説かれたわけです。

これが「五時教判」です。これは天台宗の初祖、天台大師智顗《ちぎ》（五三八年〜五九八年）がつくった一つの経典の分類の仕方でした。最澄の入唐のところで述べたように、この天台教学が「古い」という証拠に、この分類ではまだ密教が入っていないのです。あるいは浄土教も入っていません。まあ、浄土教は大乗仏教（「方等経」）の一つとして受け取ることができるのでしょうが、それでも浄土の教えも入っていません。そういう時期につくられた「仏教の分類法」なのです。

最澄は、そういう天台大師智顗の五時教判にならって、「阿含経」などというのは非常に劣った仏教であり、程度の低い仏教であるから、程度の高い『法華経』に基づく仏教にしなければならないと考えたわけです。そのような仏教を世の中に広げようとしたのです。

第四章

最澄と空海

「法を見るものはわれを見る」

南伝仏教（小乗仏教）に伝わる経典群の中に、『ヴァッカリ』（『相応部経典』二二―八七経）という経典があります。この経典の主人公は、お釈迦さまの弟子のヴァッカリという人です。

ヴァッカリはマガダ国の都、王舎城《おうしゃじょう》（ラージャガハ）出身の人でしたが、あるとき他国で病気になりました。症状が重くなり、危篤状態になったので、ヴァッカリは最後にお釈迦さまに会って礼拝《らいはい》してから死にたいと思いました。

その頃、ちょうどお釈迦さまが王舎城においでになるといううわさが耳に入ってきました。そこで、ヴァッカリは病を押しながら息も絶えだえの状態で王舎城へ帰ろうとしました。郊外に滞在していたお釈迦さまに会おうとして戻ってくるのですが、しかし、彼はとうとう王舎城に着く前に倒れてしまいました。

この様子を見たある陶器づくりの職人が彼を気の毒に思い、自分の家に連れていって手厚く看病しました。ヴァッカリは病床で、「お釈迦さまに会いたい、お釈迦さまに会いたい」とうわごとのように言っています。そこで陶器職人は、お釈迦さまに使者を送って連絡をしました。

するとお釈迦さまは、「わたしがヴァッカリに会いにいこう」と言って立ち上がり、わざわざヴァッカリのもとまできてくださったのです。ヴァッカリは、部屋へ入ってこられるお釈迦さまを見て慌てて起き上がり、合掌して拝もうとしました。すると、お釈迦さまはヴァッカリに次のように言われました。

「やめなさい、ヴァッカリよ。この腐れ爛《ただ》れゆくわたしの体を拝んで何になる。わたしはつねづねそなたに教えておいたではないか。『法を見るものはわれを見る。われを見るものは法を見る』と。わたしの教えた真理がわかるものがわたしを見ている。わたしを見ることは真理を見ることなのだと、つねに教えているではないか」

色身仏と法身仏

この経典の意味するところは、お釈迦さまはその頃、すでに自分のありようを二通りに見ておられた、ということです。

一つは肉体の仏。そしてもう一つは真理の仏ということですね。仏教の専門用語では、前者を「色身仏《しきしんぶつ》」、後者を「法身仏《ほっしんぶつ》」と呼びます。

「色」とは、肉体や物質という意味です。ここでは肉体の仏ということですが、その仏の肉体も、やがて死を迎えれば腐って爛れていく。そんなはかないものが仏陀の本質ではない。わたしの教えた真理そのものが仏陀なのだということを、お釈迦さまはヴァッカリにじきじきにお教えになったのです。

『法華経』はそこを踏まえて、お釈迦さまの存在には二種類があると断言しています。

——肉体のお釈迦さま——

——肉体を超えた真理そのもののお釈迦さま——

以上の二種類です。

ここでいう「真理そのもののお釈迦さま」というのは、永遠の存在です。その永遠の存在が、わたしたちの眼・耳・鼻・舌・身・意という感覚器官でとらえられる姿となってあらわれてきたのが歴史上のお釈迦さまです。そのように、永遠のお釈迦さまと肉体のお釈迦さまという二種類があるといっているのです。

永遠の仏のことを、「久遠実成《くおんじつじょう》の仏」といいます。そして『法華経』は、仏の存在は久遠実成であるということを教えているお経なのです。

これに対して小乗仏教は、「肉体の釈迦だけが釈迦だ」と思い込んでいます。お釈迦さまはいまは亡くなってしまった。もうお釈迦さまは死んでしまって、ただお釈迦さまの教えしか残っていないのが現実の世界だ、という見方をしているのが小乗仏教です。

しかし、『法華経』は次のように主張します。

「そんなばかなことはない。肉体の釈迦は仮のお釈迦さまであって、ほんとうのお釈迦さまは永遠の存在としていらっしゃる。わたしたちが拝むべきは、その久遠実成の釈迦なのだ」

その主張こそが、在家仏教こそがほんとうの仏教なのだという考えとともに、『法華経』が持つもう一つの重要な思想なのです。

「十界互具」と「一念三千」

それから、『法華経』には「十界互具《じっかいごぐ》」「一念三千《いちねんさんぜん》」という思想も表明されています。これも大事な概念なので、説明しておきましょう。

衆生には、地獄・餓鬼・畜生・修羅・人・天という六つの迷いの世界があり、死後これらの世界に生まれ変わりを繰り返すといわれています。この六つの世界を「六道」といい、生まれ変わりを繰り返すことを「輪廻」とか「輪廻転生」といいます。それから悟りを開いた聖者には、声聞・縁覚・菩薩、最後に仏という世界があり、合わせて十の存在になりますが、これを「十界」といいます。十界は「四聖六凡《ししょうろくぼん》」に分けられ、四つの聖なる存在と六道を輪廻する迷える凡夫の存在とに区別されています。

この十界は、それぞれに独立した存在ではありません。例えば、わたしたちは人間であるけれども、人間の中にもときにはほとけさまの心が宿ったりしますし、そしてときには地獄の心も出てきます。畜生の心もあるわけです。

だから、わたしたち人間の中には、ほかの九つの世界が全部含まれているのです。同様に、ほとけさまの世界の中にもほかの九つの世界がすべて含まれています。意外に思われるかもしれませんが、ほとけさまだって百パーセントピュアなほとけさまというわけではありません。仮に百パーセントピュアなほとけさまだったら、凡夫の心なんてちっともわからないはずです。地獄の住人が何を考えているのかもさっぱりわからないでしょう。わからなければ救えません。だから、お釈迦さまの心の中には地獄の住人の心もあるのです。ただ、それを使われないだけです。すべての世界の心を持っているのです。

このように、十の世界はお互いに自分も含めて全部十の世界を持っているので、十×十で百の世界ができます。これを「十界互具」というのです。十界をお互いに具《そな》えているというわけです。

そして、その「十界互具」の世界、すなわち百界もいろいろちがったありようをしているといいます。そのありようを「如是《にょぜ》」といい、それぞれ、相《そう》・性《しょう》・体《たい》・力《りき》・作《さ》・因《いん》・縁《えん》・

果《か》・報《ほう》・本末究竟等《ほんまつくきょうとう》という十のありようをしているとされ、これを「十如是」と呼んでいます。

ここであまり詳しいことを論じてもしようがないので省略して言いますが、百界が十のありようをしているから、百×十で千界になります。そして、その千の世界には三種類の世間があるといいます。五蘊《ごうん》世間・衆生世間・国土世間の三つです。

例えば国土でいえば、地獄の国土、天界の国土、仏の国土……というそれぞれの様相を示す国土があり、衆生でいえば、戦争中は餓鬼界とか地獄界の世間となり、恋愛がうまくいっていれば天界の世間になる……というように、それぞれ三つの世間があるといわれるのです。すると、千の世界×三つの世間で三千になります。

そして、「一念」というのはほんの一瞬の心のことです。計算上は一秒の七十五分の一などという数字が出てくるらしいのですが、そのほんの一瞬の心の中にも三千の世界が含まれているのだという思想が「一念三千」という考え方です。

百パーセントピュアなものはない

少し込み入った話をしてしまいましたが、早い話が、

――百パーセントピュアなものなんてない――

ということです。どんな存在でも、みんないろいろな要素を持っているのです。ということは、みんなが仏の要素も持っているということでしょう。だからわたしたちも悟りが開けるわけです。あらゆるものに具わっている「仏になる可能性」のことを、

――仏性《ぶっしょう》――

と呼んでいます。

もしもみんなが百パーセントピュアだとしたら、例えばほとけさまが百パーセントピュアだったとしたら、悪人の心がわからないから救えないことになり、活躍もできません。もしも人間が百パーセント人間でしかなかったとしたら、ほとけさまの心も鬼の心も知りませんから、永遠に人間でしかあり得ず、向上も退歩もないでしょう。

そうではないから、わたしたちは向上し、発展していくと同時に、退歩してダメになってもいくのです。それもこれもいろいろな要素を持っているからです。だからおもしろいのではないでしょうか。これがおおらかな『法華経』観なんだと思っていただければいいのです。

縁というものの見方

「因縁」ということばがあります。因縁の「因」とはものごとを生じさせる直接の原因のことで、「縁」とはこれを助ける間接の諸条件のことです。

わたしたちは、殺人犯に対して「人殺し!」などと言いますが、じつは人を殺す「因」というものはみんなが持っているのです。わたしもあなたも、いつ人殺しをやるかもしれないのです。自分の娘がレイプされているのを見れば、「この野郎!」とカッとなってその相手を殺すかもしれないでしょう。

だから、殺人者になる「因」はみんなが持っているのです。ただ、「縁」がなかったたからわたしたちは人を殺さずにすんできただけです。場合によってはその「縁」で殺すことになるかもしれません。わたしたちが殺人犯を見て、「あいつらは悪党だ」と烙印《らくいん》を押すのは、「因」ばかりしか見ていないからです。

少し「縁」というあり方を見てみましょう。そうすると、ひょっとしたらわたしだってあなただって殺人犯になるかもしれないのです。逆に、ある殺人犯が自分にとって恩人になるかもしれません。それが、

――縁というものの見方――


なのです。ことばを換えれば、ものごとを固定的・実体的にとらえてはいけないということです。ものごとを固定的・実体的に考えるなということは仏教の基本原理です。

「常楽我浄《じょうらくがじょう》」ということばがあります。すべては無常なのに「常」と見、一切は苦なのに「楽」と見、永遠不変の我などはないのに「我」と見、結局は不浄なのに「浄」と見ることです。つまり、ものごとを固定的・実体的にとらえる見方ですね。

これは「我」と呼ばれる思想です。永遠不変の「我」という存在があるというのが「我の思想」です。これに対して仏教は、

を説きます。先ほど言った「一念三千」がそれを表しています。永遠不変の我などというものはないし、一念の中に三千の世界があるということは、わたしのことばで言わせてもらえば、「なんだっていいんだ」ということです。「諸法実相」ということばはまさにこのことを言いあらわしているのですが、このように、『法華経』は非常におおらかな思想を持っているのです。

病気になれば病気でいいのです。いや、病気がいいのです。あらゆる存在、あらゆるありようがそのままでいい、それが『法華経』の精神であるということができるでしょう。

『法華経』はこのようにおおらかなのですが、「行《ぎょう》」つまり実践としては比叡山ではなかなか厳しい行をやります。四種三昧などといって、九十日間念仏を唱えてまったく横にならないとか、二十一日間徹底して坐禅するなどという行を行なうのです。先達養成コースとしてはかなり厳しい行といえるでしょう。

ただ、そのような行が最澄の考えたことなのかどうかは疑問です。これらの行は天台大師智顗《ちぎ》の『摩訶止観《まかしかん》』に説かれている行なので、天台大師がつくられた行法で行なわれているのです。

最澄は、自分が十二年間比叡山にいたので、弟子にも十二年の籠山行を課しましたが、おそらく不眠不休で行をやれとは言わなかったでしょう。みんな後代の人間がつくったものだと思います。お祖師さまのときと後代ではちがってしまうことが多いものです。

密教をめぐる関係

ここで、真言宗の開祖である空海に登場してもらいましょう。空海と最澄との出会いには、非常に興味深いものがあります。前に少し触れましたが、最澄の入唐の折、同じ遣唐使船団の別の船には空海も乗っていました。

この二人は、平安仏教の両巨頭です。もし空海がいなければ、もっと最澄の天下になっていたのでしょうか。案外、そうではないかもしれません。

もしも空海が密教を中国から持って帰ってこなかったとしても、いずれ密教は日本に伝わってきました。ただ、そのときの密教は、何かマジカルで呪術的な密教で、もっとおどろおどろしいものになったことでしょう。

空海だったからこそ、あれほど洗練され、深い哲学的な意味づけを持った密教を打ち立てることができたのです。それが一歩まちがって、中国の誰かが本国からじかに密教をもたらしたとすれば、非常にうさん臭いインチキなものをつかまされた可能性はいなめません。そしてそういう密教によって、日本の仏教全体が完全に滅んでしまったかもしれないのです。

例えばいまのチベット密教のような、ドロドロした仏教になっていたとも考えられます。もっとも、チベット密教のほうがいまの日本の葬式仏教よりはましかもしれませんね。そういう意味でも、空海という人は大変偉い人でした。

最澄と空海はライバルであったことは事実ですが、そんなに仲が悪いことはなかったはずです。ただ、最澄にとって悲劇であったのは、桓武天皇が怨霊を退治するような、マジカルなパワーの仏教を最澄に求めた点にありました。

最澄の立場にしてみれば、桓武天皇が「天皇」だから救うとか権力者だから救うということではなかったと思います。しかし、基本的には彼も時代の人であり、国家仏教の人間です。東大寺で出家して、二百五十戒を受けて国家公務員となっている身です。そして、当時は「天皇を守ることによって国土が安穏《あんのん》になる」と考えられていました。

いまそういうことを言えば、「そんなばかなことはない」とさげすまれてしまうのが落ちでしょう。要するに天皇などというものは一つの象徴にすぎない、あるいは一権力者にすぎないと言われてしまうと思いますが、それは現代の思想であって、当時は天皇の力で国が安穏になれると考えられていたのです。

逆に、天皇が悪いことをすれば国が乱れることになるとも考えられていました。国が乱れれば、その責任は全部天皇にあるということになります。この思想が本来の天皇制の思想なのです。

そういう意味で、最澄もやはり、「桓武天皇が救われることによって日本が救われる」という信念を持っていました。いいか悪いか、まちがっているかどうかは別として、当時はみんながそう信じていたわけですから、最澄は桓武天皇の期待に真剣に応えようと努めたのです。

その応え方は、自分は天台仏教ですから、「なんだっていい仏教」であり、「出家主義ではない仏教」です。戒律なども不要で、みんなで楽しく仏の道を歩んでいくという仏教でいきたかったのです。

しかし、桓武天皇は同時に、「密教を日本の仏教の中に植えつけてくれ」と最澄に命じました。最澄はそれにも応えようとしますが、自分が学んできた密教はほんの「とばくち」でしかありません。自分が密教のかけらしか学んでいないということは、最澄自身がいちばんよく知っていました。

そんなときに、空海がちゃんとしたほんものの密教経典を持って帰ってくるわけです。それを見て、最澄は空海がどれほどすばらしいものを持って帰ってきたかを理解します。自分もそれを学びたいし、一方では天皇の命令もあるわけですから、最澄は空海に対してこう呼びかけました。

「どうかわたしに協力してほしい。あなたの力を借りて天皇の願いを果たしたいのです」

空海の立場からいえば、自分はひょんなはずみで中国に渡ることができて、うまく密教経典を持ち帰ることができたけれども、まだ誰にも知られていない無名の存在です。そんな自分を引き立ててくれた最澄は、恩人でもありました。

当時、最澄は、いまでいえば東京大学の教授くらいの実力のある人間でした。空海は最澄の紹介がきっかけで脚光を浴びたのです。空海にとって、最澄は自分を仏教界にデビューさせてくれて、一つの地位を与えてくれた恩人です。その恩人からの協力の申し出でした。

川上からの見方と川下からの見方

しかし、空海と最澄のものの考え方はまったくちがいました。これは密教と一乗仏教のちがいということにもなるのでしょう。

密教のものの見方は、

――川上から川下を見る見方――

ということができると思います。川を川上のほうから下っていこうではないか。流れに乗ってずっと川下に下りていけばいいのだという考え方です。だから、あまり力がいらないわけです。

それに対して最澄は、

――川下から川上を見る見方――

という仏教観を持っていました。つまり、努力に努力を重ねて一歩一歩悟りに近づいていかなければならないという考え方です。

『法華経』で「方便」ということばを使いますが、最澄の場合の「方便」とは、

――一歩一歩目標に近づいていく――

という意味での方便です。わたしたちは目標に向かって、「今日よりは明日、明日よりはあさって……」と、一歩一歩近づいていかなければいけないと天台教学では考えます。

それに対して、空海の密教でいう方便とは、

――菩提心《ぼだいしん》を因《いん》となし、大悲を根《こん》となし、方便を究竟《くきよう》となす――

というものです。このことばは『大日経』にあります。菩提心とは「悟りを求める心」のことで、いわば種を意味します。種があれば、それを土に蒔《ま》いておくと次には芽が出て

きます。種から自然に芽が出てくるわけで、それが大事なのです。だから哀れみの心も、悟りを求める気持ちさえあれば自然に出てくると、そう言っているのです。

この「悟りを求める気持ち」は、まったく最澄と同じです。「みんなを悟りの岸に渡したい」という気持ちです。それがあれば、みんなに対して幸せになってほしいという大悲の心が出てきます。そして芽が出てきます。芽が出てくれば成長していきます。これが「究竟」です。

「方便を究竟とす」とは、芽が自然に成長することです。そこにはなんの努力もいりません。ただ根があればいい。根がうまくつけば、ずっと太陽に照らされて成長していくということです。それが方便です。だから、空海の言う方便にはなんの力もいりません。

それに対して最澄の方便は、一歩一歩川上に向かって目標に近づいていこうというものです。こういう点でも、二人の性格はまったくちがっていました。

仏教観のちがい

逆に最澄のほうから言えば、自分が打ち立てたい仏教は『法華経』にもとづく一乗仏教です。一乗仏教とは、普通に大乗仏教と呼ばれるものです。

この一乗仏教の中に、最澄は、顕教と密教があると考えました。そして最澄は、自分は顕教についてはある程度勉強してマスターしているけれども、密教に関しては専門家ではないと認めています。だから最澄は空海に、

「あなたは密教部門の学部長になってくれ。わたしは顕教部門の学部長になる。そして二人でいっしょに日本仏教という大学を運営し、桓武天皇の期待に応えよう」

という意図をもって呼びかけていくのです。

けれども、空海にしてみれば、

「あなたの認識はちがうんだ。ちょっとおかしいよ。密教とは、顕教と並列になるものではないんだ。密教では、いまでもほとけさまは説法していると考えているんだよ」

というふうにずれていくわけです。

わたしは密教の特色を「法身仏説法《ほっしんぶつせっぽう》」と呼んでいます。これに対して、肉体を持ったお釈迦さま（色身仏あるいは応身仏）の説法を聞くのが顕教です。密教は色身仏の説法ではなく、声なき声で法を説く法身仏の説法を聞くのです。

「いまでも法身仏は説法をしている。だからそれを聞け。いま説法がなされているのに、それを聞かずに古い経典にばかり頼って歴史的なカスばかりを勉強してなんになる。そんな昔の文献でことばだけを勉強するのはほんとうの仏教とはちがう。お釈迦さまの声がいまでも聞こえているのに、どうしてそれを聞かないのだ」

それが空海の考え方です。空海は、「風に聞け、波に聞け」と言います。だから、空海と最澄はまったく仏教観がちがうのです。空海にしてみれば、密教は宇宙そのものを象徴とする法身仏の教えですから、いま現在、そしてつねに説法はなされているのです。だから、経典ばかり読んでいても真理はつかめません。そんなカスのような過去の仏教をいくら勉強してもしようがないという考えです。

『法華経』の「如来寿量品《にょらいじゅりょうほん》」に、次のようなことばがあります。

―未曽暫廃《みぞざんぱい》―

「いまだかつてしばらくも廃せざるなり」と読みます。久遠実成の仏は少しも休むことなく法を説き続けているという意味です。空海はここに目をつけているのです。しかし、最澄はあまりそこには着目しませんでした。ですから、二人の仏教観はちがうのです。

繰り返しますが、そもそも、二人の仏教の分類方法がちがっていました。空海にしてみれば、仏教にはまず「密教」と「顕教」があると考えていました。仏教の教えには「言語を超えた教え」（超言語的教え）と、経典などの「言語の教え」との二種類ある。そして、「言語の教え」の中に大乗仏教と小乗仏教があるという見方です。

- 密教（超言語的教え）
- 顕教（言語の教え）
  - 大乗仏教
  - 小乗仏教

しかし、最澄の考えはちがっていました。

- 大乗仏教（一乗仏教）
  - 顕教
  - 密教
- 小乗仏教

このように、大乗仏教の中に顕教と密教があるという考えですから、すでに分類からしてちがっています。だからお互いに合わないのです。空海はそこを最澄に指摘するのですが、最澄にはまだその意味がわかりませんでした。仏教観がちがうので理解できないのです。

すると驚いたことに、最澄は、

「わたしはあなたに弟子入りして密教を学びます」

と言い出しました。最澄は根っから純粋な人で、人を疑うことを知りません。だから、七歳も年下の空海に師事すると言い出したのです。あなたを先生として仕えるというわけです。普通の人から見たら屈辱としか言いようがないことかもしれませんが、最澄は気にもしませんでした。そして、空海に弟子入りして密教を学ぶと申し出たのです。

空海との決別

こうして、最澄は空海に弟子入りしました。しかし、二人のずれは隠せません。もちろん空海も一所懸命教えるのですが、最澄は臆面もなくこう聞きます。

「何年で勉強が完了しますか？」

この質問は、空海にしてみれば聞くに堪えないものでした。

〈あなた、〝何年〟と考えること自体がおかしいよ。密教は時空を超えているんだ〉

そう思うわけです。しかし、とりあえず、

「まあ、三年はかかるだろう」

と答えると、最澄はまじめにこう申し出ました。

「すみません。わたしは三年も比叡山を空けるわけにはいきません。では、わたしの弟子を養成してください」

そして、泰範《たいはん》という弟子に密教を学ばせようとしたのです。空海はこれを聞くと、

〈弟子を派遣して弟子が修行すればすむという問題ではないだろう。そんな考えで密教を学んでも身につかないのに……〉

と思い、最澄に怒りすら持つようになります。それは二人の仏教観がちがうからであって、お互いにわからないのです。結局、そこで両者は決裂してしまいました。

ある意味で、悲劇です。これは桓武天皇が残した一つの悲劇でした。このとき桓武天皇はすでに亡く、あとをついだ平城《へいぜい》天皇をはさんで、時代は嵯峨《さが》天皇の世になっていました。この嵯峨天皇は文化人ですから、自分が政治に手を染めるということはしませんでした。摂政・関白らに政治を執り行なわせておいて、自分はいまの象徴天皇のように文化人として活動していました。

そうすると、天皇は暇ですから、空海の持ってきた書道の技術に目を奪われて、空海と親交を重ねるようになります。そして空海が脚光を浴びれば浴びるほど、逆に最澄のほう

がしぼんでいくという皮肉な現象が起きたのです。

補い合う顕教と密教

これはお互いの仏教観のちがいであって、どちらが偉いのかはわかりません。それよりも、空海と最澄がまったく異なるタイプの人間であったがゆえに、日本の仏教はすばらしい発展ができたのです。もちろん、これが空海だけだったら日本の仏教は滅んでしまっていたことでしょう。

なぜならば、空海の高野山からは誰一人後継者が出ていないからです。空海の弟子からは、のちに世の中を動かすようなすばらしい仏教思想家は誰も出ませんでした。後世の大宗教家はすべて最澄の門下から出ているのです。

主だった人をあげても、融通念仏宗《ゆうずうねんぶつしゅう》を開いた良忍《りょうにん》（一〇七二〜一一三二年）がいて、浄土宗の法然（一一三三〜一二一二年）、浄土真宗の親鸞（一一七三〜一二六二年）、そして臨済宗の栄西《えいさい》（一一四一〜一二一五年）、曹洞宗の道元（一二〇〇〜一二五三年）、日蓮宗の日蓮（一二二二〜一二八二年）と、みんな「比叡山大学の卒業生」です。

やはり、「法身仏の説法を聞け」と言われても、実際、そういう言い方では仏教は勉強できません。法身仏の説法を聞ける者はいいけれども、普通はまず無理です。法身仏説法は、空海だからこそ聞けたのです。

「一輪の花が咲き、しおれていき、しぼんでいく――この中に説法がある。おまえにそれが聞こえないのか」

そう言われても、それが聞こえるのは天才だけであって、そんじょそこらの者には聞こえません。弟子たちにも無理だったでしょう。

そうすると、やはり優れた思想家は、修行体系や教育体系をしっかりつくった最澄の門下生から出てきます。だから、空海だけでは日本仏教は滅びてしまうと言ったのです。

逆に、最澄だけだったらどうなっていたでしょうか。早い話が、道元と親鸞は出てこなかったでしょう。

道元は明らかに「法身仏説法」を聞いた人間です。というのも、禅では、

――不立文字《ふりゅうもんじ》――

といいます。禅は言語を越えた教えだというのです。つまり、これは法身仏説法ということです。

そして同時に、親鸞の浄土という思想も空海のほうから出てくるものです。親鸞は、――平生業成《へいぜいごうじょう》――を主張しました。平素において他力の心が起こったそのときに、浄土に生まれる身となるということです。つまり、「いまここに浄土がある」のです。言い換えればこれは「即身成仏」ですから、やはり密教といえるでしょう。いま阿弥陀仏の声（法身仏説法）が聞こえるのです。

そのように、禅と念仏というのは、比叡山だけからでは出てこなかった思想だと思います。密教の影響を少なからず受けているのです。

とはいえ、確かに最澄はまじめな思想家で、顕教の第一人者です。弟子たちには空海以上の影響を与えています。

普通の人は、仏教を学ぶ場合、天才以外は経典によって理解していくものです。文字を通じてことばで仏教を学ぶのです。ですから、顕教がなければ困ることになります。なぜなら、非言語による説法はほとんどの人には聞こえないからです。

密教と顕教は、補い合うものだと考えるべきでしょう。相互補完という見方に立ったとき、最澄の思想がわかります。

——一目の羅は鳥を得ることあたわず——

前述のように、これは最澄のことばです。「網は一つの目だけでは鳥を捕まえる役目を果たさない。いろいろな目があってはじめて網の役目を果たすのだ」という意味です。それが最澄の思想でしたから、空海のような考え方は自分には理解できないけれども、逆に空海の説く密教があってこそ、日本の仏教は完全になるのです。その意味で、最澄は空海と自分のちがいをむしろ喜んでいただろうと思うのです。

第五章

徳一との論争

「相」と「性」

最澄の生涯の中で、あとあとまで続いたのが徳一との論争です。徳一は〝とくいつ〟とも〝とくいち〟とも読まれますが、どちらなのかはっきりしません。ここでは一応〝とくいつ〟と読んでおきましょう。

彼は「会津の徳一」と呼ばれて、現在の福島県北西部の会津地方に住んでいました。法《ほっ》相宗《そうしゅう》の僧侶で、最初は奈良で学んでいたのですが、二十歳の頃東国に移り、常陸国《ひたちのくに》（茨城県）筑波山《つくばさん》に中禅寺を、会津磐梯山麓《ばんだいさんろく》に恵日寺《えにちじ》を創建したといわれます。しかし、どうして会津に行ったのか、その理由も徳一の生涯もあまりよくわかりません。

徳一は恵美押勝《えみのおしかつ》（＝藤原仲麻呂《ふじわらなかまろ》。七〇六年〜七六四年）の子だといわれていますが、それがほんとうならばものすごく血筋のいい人です。

恵美押勝は、道鏡事件のときに道鏡を排斥しようとして反乱を計画しましたが、密告されて失敗し、処刑されてしまいます。道鏡が権勢を誇ったときに反乱を計画したので、朝廷によって近江で斬られてしまうのです。その子孫ですから、徳一は奈良の都にも平安の都にもいられなくなり、会津に隠棲したといわれていますが、真偽のほどはわかりません。真実ではない可能性のほうが高いようです。

ともかく、彼は法相宗の学僧でした。ここで「法相宗」という宗派名が非常に象徴的で、彼の思想の全部を表しています。

——法「相《そう》」宗——

つまり、「相」（ものごとの状態）でもってすべてを判断していこうという考え方です。

これに対して最澄の考え方は、

——法「性《しょう》」宗——

であるといえます。なお、法相宗という宗派はありますが、法性宗という宗派は実在しません。これは、徳一との論点のちがいを際立たせるために、最澄の考え方を象徴的にあらわすべく便宜上付けた名称です。

こちらのほうは「性」、すなわちものごとの本質を見ていこうという考え方です。

例えば、「水はすべて H_2O だよ」というのが法性宗、つまり最澄の考え方です。水の本質・性質を見れば、あらゆる水が同じH_2Oです。

しかし、法相宗の徳一は、「相」(状態)としてものを見ます。すると、水はときには氷にもなり、川の水にもなり、暴風雨の大雨にもなるし、海の水にもなります。また、水蒸気になって宙に浮かんでいることもあるでしょう。

この海の水と川の水、そして氷と雪と雨と水蒸気は、みんな状態が異なります。形がちがうわけです。

この「ちがい」に目をつけてものごとを考えれば「法相宗」になるし、氷も水も雪も雨も水蒸気も本質においては「同じ」ではないかと言えば、「法性宗」の視点ということになるのです。

だから、「法相宗」(徳一)からすれば、気象庁が明日は大雨が降るという予報をしておいて、翌日に雪が降ったら予報ははずれたことになります。しかし、「法性宗」(最澄)からすれば、この予報はあたっているのです。雨も雪も「H_2O」という性質においては同じだからです。「雪が降ります」と言っても「雨が降ります」と言っても同じではないかという理論です。

ところで、現在の天気予報に関していえば、「雨が降る」といった予報で雪が降れば、これは当たったことになるでしょうか。雨も雪も同じH_2Oだから、当たったことになるというのが最澄の立場です。まあ、東京や大阪の人間には、それでいいでしょう。けれども、雪国においては、そうはいきません。実際には雪になったら、屋根の雪かきをしなければならないし、タクシーの運転手はタイヤを履き替えなければなりません。雨であってくれれば別に雪かきをする必要はないし、車も普通タイヤでだいじょうぶです。

徳一の住んでいた会津が雪国だからというわけではありませんが、法相宗的なものの見方からいうと、雨か雪かということは重大問題になります。雪国に住んでいる人は、雪になるか雨になるかによって対策がちがうのに、そこへ「雪も雨も同じH_2Oだ」などと澄ました顔で言われたら、困ってしまうわけです。

ここが徳一と最澄との差なのです。徳一が言っているのは、「雪か雨か、これは大きなちがいだ」ということです。「すべてH_2Oだなどといって、それですむのか」というのが徳一の論拠なのです。しかし、最澄にしてみれば、「雪も雨もそんなに差はないのだからどちらでもいいではないか」ということになります。「雪も雨も、溶ければ水になるのだから同じではないか」と言っているのです。

理想論と現実論

この論争は、どこまでやってもけりはつきません。お互いが自分の立場に立って相手の見方を批判しているのですから、いつまでたっても平行線です。いままで述べたところを別のことばで言えば、最澄が「理想論」に立ち、徳一が「現実論」に立っての論争ということができるでしょう。

最澄は理想論の立場からこう言います。

「みんなが仏になる可能性——仏性——を持っているのだから、すべて許されていいではないか」

これに対して徳一は、現実論の立場から反論します。

「おい、そんなこと言ってくれるなよ。それはわかるけれども、現実に刃物を持って暴れている者がいるとしたら、これはやはり逮捕しなければならない。人を殺したやつは刑務所に入れるべきだ。いずれは仏になるのだからと言って、普通の人と同じ扱いをしていいのか」

すると、最澄はこう言います。

「でも、刑務所に入れてしまったらそいつはもうおしまいじゃないか。罪人だって仏なんだ。これがなぜ信じられないのだ」

このように、どこまで繰り返してもこの論争にけりはつきません。

いままでは一般的に、「最澄のほうが正しかった」とされる風潮があるようですが、それは天台宗がその後勢いを持ったからです。法相宗のほうが弱くなり、勢力を失ったので、結局天台の最澄が正しかったかのように言われますが、それはちがいます。あくまで最澄と徳一の差は、「理想論」と「現実論」の差だと思ってください。

「五性各別」の是非

さて、この論争は、わたしたちの存在を考える場合に大変示唆に富んだ内容を含んでいます。少し込み入ってはいますが、大事なことなのでもう少し詳しく見ていきましょう。
最澄が徹底して徳一を批判したのは、大乗仏教のスローガンともいえる、

――一切衆生悉有仏性《いっさいしゅじょうしつうぶっしょう》（生きとし生けるものはみな仏性を有している）――

という考え方に基づいてでした。一方、法相宗の徳一は、

――無種性《むしゅしょう》――

を主張したのです。すなわち、みんなが仏になれるわけではなく、「悟りを開けないもの」もいるということです。「無種性」とは、法相宗の、

――五性各別《ごしょうかくべつ》――

という考え方からきています。五性各別とは、「仏になれるかなれないかは、人間が先天的に備えている五種類の素質があり、それによって確定している」という説です。その五種類とは次のものです。

一、声聞定性《しょうもんじょうしょう》（小乗タイプの人）
二、独覚《どくかく》（縁覚《えんがく》）定性《じょうしょう》（独立独歩タイプの人）
三、菩薩定性《ぼさつじょうしょう》（大乗タイプの人）

四、不定性《ふじょうしょう》（混合タイプの人）
五、無種性（種なしタイプの人）
このうち、一の声聞定性と二の独覚定性の人は低い悟りしか得られず、それぞれ「阿羅漢」「辟支仏《びゃくしぶつ》」という利己的な仏にしかなれません。また、四の不定性の人はまだ決定されていないので、よく導かれれば仏になる可能性があるとされます。だから、ほんとうに完全な仏になれるのは三の菩薩定性の人全部と四の不定性の人の一部でということになります。そして、五の無種性の人は「一闡提《いっせんだい》」と呼ばれ、どの仏にもなれないまったく絶望的な人だといわれているのです。

この法相宗の主張に対して、最澄はそんなのはおかしいと言い、このへんをしつこく論争したと思われています。しかし、これは解説書や辞書に書いてあることです。そういう見方をしたらこの論争の本質はわかりません。

まず、無種性の人というのは、永遠に、絶対に仏になれないのでしょうか。もしそう思っているとしたら、こういった理解がおかしいのです。「永遠に、絶対に」などということ自体おかしいと気づくべきです。仏教は「諸行無常」であり、「諸法無我」を説くのですから、「永遠に、絶対に」などということはあり得ません。

ここで、前に触れました「輪廻」あるいは「輪廻転生」のことを思い出してください。わたしたちには来世も、そのまた来世もあるわけです。無種性の人は、そういう遠い未来にも仏になれないというのでしょうか。

無種性の人は輪廻転生しないというのなら話はわかります。しかし、無種性の人こそ悟りを開けないのですから輪廻を繰り返すという理屈になるはずです。仏教には「三大阿僧《さんだいあそう》祇劫《ぎこう》」などというとてつもなく長い時間を指すことばがありますが、そういう長い間輪廻しても、その人はなおかつ無種性のままなのでしょうか。徳一はそう主張したのでしょうか。そして法相宗の思想もまたそういう考え方なのでしょうか。

「無種性」なのは現世だけ

ここを見落とす学者さんがあまりに多いのです。誰一人その問題を考えていないと言ってもいいぐらいです。どの辞書を見ても、最澄と徳一の論争の本を読んでも、どれにもそう書いてあります。重ねて言いますが、果たして徳一はそんなことを言ったのでしょうか。法相宗は玄奘三蔵の思想でもあります。玄奘さんがそんなことを言うのでしょうか。

結論からいうと、無種性の人が仏になれないというのは、いまいるこの「現世」での話なのです。徳一が言ったのは、「あくまでもこの現世においては仏になれない」ということです。

仏教においては、解脱した聖者以外の衆生はみな輪廻転生すると考えますから、いま無種性のものでも、次には仏性を持つ存在に生まれるかもしれません。それなのに、あたかも無種性の人は何回輪廻転生を繰り返しても絶対に仏になれない、と説いているかのようにみんな読んでしまっているのです。

徳一と最澄の論争をそんなふうに理解したら意味がありません。最澄にしても、徳一をそんな無茶苦茶なことを考えている人間だとは思っていません。徳一のほうもまた、「この人間は永遠に成仏できない」などとは言ってはいないのです。

繰り返しますが、最澄があくまでも、

「雪も雨も同じだ。雪が降ろうと雨が降ろうと同じではないか」

と言っているのに対して、徳一は、

「それはおかしい。雪と雨は区別してくれ。あしたは雨が降るのか雪が降るのか、われわれにはそれが問題なんだ」

と言うわけです。しかし、それは最澄の立場から見れば雨も雪も同じだろうということです。そういう論争ですからけりがつきません。

しかし、二人ともよく知っているのです。雪は永遠に雪のままであるわけではないし、雨だって永遠に雨のままではなく、次には雪になるかもしれないし、みぞれになるかもしれない。川の水にもなればドブの水になることもある。水蒸気になって雲に変わることだってある……。そういうことはわかっているのです。ただ二人は、

――いまの問題――

として論じているのです。いまをどう見るかです。

法相宗と法性宗、すなわち「相」（状態）と「性」（本質）というものをしっかりと理解してほしいと思います。

「いま現世において、現実に悪いことをやっている人と、それから仏に近づいているすば

らしい人とがいる。その差は問題にしないでいいのか。その差はやはり問題だよ」

そう言っているのが徳一です。それに対して、

「そんな差は、〝永遠の目〟から見ればどうだっていいじゃないか」

というのが最澄の立場です。だからこそ論争になるわけです。これが「永遠に仏になれない」ということを前提としての議論だったとしたら、二人の間で話の成り立ちようもないのではないでしょうか。

例えば徳一が、「ゴキブリなんていう生き物は、永遠に人間に生まれ変われない。決して仏になどになれない存在だ」と主張したとするならば、最澄は最初から徳一を相手にしないですむのです。そういう立場は「仏教」ではないわけですから、それ以上何も言う必要はありません。

そうではなく、徳一の視点は、

――いま現実にある善人・悪人の差をどう見るか――

というところにあったので、論争になったわけです。わたしたちにとっても示唆的で大事なところではないでしょうか。

成仏に例外はあるか

この最澄と徳一の論争を、フランス憲法とドイツ憲法の差になぞらえることができます。

フランスの憲法には、

「フランスは出生、人種または宗教の差別なく、すべての市民に対して法律の前の平等を保障する」

とあります。これは、憲法を破壊しようとする人間にも、その権利を保障したものです。

それに対して、旧西ドイツの憲法（「ボン基本法」）ですが、それには、

「各人は、他人の権利を侵害せず、かつ、憲法的秩序または道徳律に反しない限り、その人格の自由な発展を目的とする権利を有する」

とあります。

つまり、まずドイツの場合を考えると、あのナチス・ドイツというのは非合法の政権ではありません。ちゃんとワイマール憲法に従って出てきた政党です。にもかかわらず憲法

を踏みにじる行為をしました。だからドイツはそれに懲りて、この憲法を壊そうとする勢力、例えばテロ活動をやろうとするものにまで憲法上の権利を保障したら、憲法の値打ちがなくなってしまうと考えたのです。だからそういう人間には絶対にこの憲法は権利を保障しないと言っているのです。

ところが、フランスはあれだけナチスに痛めつけられながらも、この憲法を否定するものに対してすらも権利を保障すると言っています。まさに理想主義ですね。最澄と同じです。最澄は、仏教は仏教を滅ぼそうとする大罪人に対してさえも慈悲を垂れるのだととらえていました。

しかし、徳一のほうはドイツ憲法のように現実主義です。そんなことを言ったら、一所懸命に仏道を歩んでいる者たちがかえっておとしめられる。仏道を歩んでいる人たちに害を与えるような輩に対しても慈悲を垂れるとするならば、仏教をまじめに実践信仰している者たちが浮かばれなくなる。だからそんな輩は取り締まるべきだ、と考えます。

そこで、二人は激しく論争したのです。二人とも願いは同じで、なんとかして仏教を守りたいと思っていたにちがいはありません。

このあと出てくるのが「一闡提」の問題です。一闡提とは、仏教を信じないでそれを誹謗するような、成仏の縁がない者のことをいいます。『無量寿経』などでも、「一闡提を除く」とか「父母殺しなどの五逆の罪を犯した者は除く」とありますが、この一闡提の扱いが問題となります。

繰り返しますが、悟りを開いて仏になる前の阿弥陀仏は、法蔵菩薩という名の修行者でした。その法蔵菩薩が「四十八願」を立てて、それがかなえられなければ仏にならないと誓うのですが、その願の中にも、「……唯除五逆《ゆいじょごぎゃく》 誹謗正法《ひぼうしょうぼう》」とあります。

これをどう解釈するかで最澄は悩んだと思います。

「〝五逆〟を除いてしまって、そこに阿弥陀仏の慈悲はあらわれるのか」

最澄はそう考えます。「すべての衆生が成仏しなければ仏にならない」という阿弥陀仏の願いにもかかわらず、その中に例外として「五逆罪」と「誹謗正法」を除いていることに納得がいかなかったのです。しかし、現実には「五逆まで保障したら仏教はどうなるのか」という問題が出てきます。みずからを害することにもなりかねません。

これはそう簡単にすませられる問題ではありません。ここから考えてみても、徳一と最澄との論争がいかに重要なものであったかということはわかってもらえると思います。

結局現在は、浄土宗でも浄土真宗でも、『無量寿経』の中の「……を除く」という部分は「抑止文」だと解釈しています。ほんとうはみんなを救うのだけれども、救いますよと言ってしまうと「それでは」と言って悪いことをし始める者が出てくるから、こういうふうに言って一応禁じてあるのだと、そういう読み方をしています。

この読み方が、実は徳一の読み方なのです。抑止文が必要だという立場ですね。それに対して、「そんなことを書くな」というのが最澄の立場です。そう言えばわかりやすいでしょう。

これは、日本の仏教史の中でもほんとうにおもしろい論争であり、この論争の中に最澄の思想の根幹があらわれていると思います。

「溶けて流れりゃみな同じ」

この論争は、最澄にとってずいぶんとエネルギーを費やされたものです。それだけ重要だったということですので、もう少しおつきあいください。

要するに、最澄の立場はいわば「一性論《いっしょうろん》」です。最澄が、「(仏性という)一つの性しかない」と言っているのに対して、徳一は「(五性各別という)五つの性がある」という「五性論」をとっています。ですから、最澄と徳一の論争は「一性論」と「五性論」のぶつかり合いだと受け取られています。

しかし、わたしがここで言いたいのは、二人の論争は「五性」なのか「一性」なのかという論争ではないということです。最澄の考え方を歌に例えていうならば、昔流行った「お座敷小唄」という歌謡曲に置き換えることができるでしょう。

富士の高嶺《たかね》に降る雪も
京都先斗町《ぽんとちょう》に降る雪も
雪には変わりはないじゃなし
溶けて流れりゃみな同じ

この歌のように、「雨が降ろうと雪が降ろうと溶けて流れりゃみな同じ」というのが最澄の主張なのです。

ところが徳一は、「それはわかるけれども、現実としては雪と雨を区別しなければいけない」と言うわけです。

それに対して最澄は、「そんな区別にこだわってしまったら、溶けて流れたそこのところがわからなくなる。本来は同じであるはずの雪と雨の区別なんかにこだわってしまうと、ほんとうのお釈迦さまの気持ちがわからなくなるだろう」と言うわけです。

ところが、そのへんの説明が理解できない人たちは、「五つの性質があるのだ」と思ってしまうのです。これは法相宗の考えでもなんでもありません。よく、「最澄は『法華経』の立場に立って徳一を論難した」と言われますが、法相宗も『法華経』を読んでいます。徳一も、『法華経』がまちがいだなどとは一言も言っていません。

先ほども言ったように、現実問題としてあしたは雪が降ると言われたら、雪国の人たちは雪かきの準備に入らなければなりません。雪の重さで屋根がつぶれてしまうからです。しかし、雨が降ると言われたら何もやらなくていいわけです。ここが雪と雨のちがうところではないか、というのが徳一の主張なのです。

それに対して、最澄は「溶けて流れればみな同じだ」と言います。雨が凍るか凍らないか、雪になるかどうかというのは寒冷前線の問題なのであって、どっちに転んでも予報がはずれたことにはならない、という立場をとっているわけです。

そのように考えると、『法華経』の読み方というものは非常に微妙になってきます。つまり、『法華経』では現実問題として、声聞である舎利弗《しゃりほつ》や目連《もくれん》（モッガッラーナ）は阿羅漢になりました。ということは、「五性各別」の考えでいえば、彼らは仏になれないということになります。声聞定性の人は、阿羅漢にはなっても真の仏になれないからです。現実に舎利弗や目連、摩訶迦葉《まかかしょう》（マハーカッサパ）はみんな声聞定性です。

では、『法華経』は彼らが絶対に仏になれないと言っているのかというと、決してそうではありません。『法華経』は「二乗作仏《にじょうさぶつ》」を説いています。二乗も成仏できると言っているのです。しかし、「五性各別」からいえば、前述のように成仏できないという矛盾が生じてしまいます。

「五性各別」からいえば、声聞は阿羅漢になるのです。実際問題として、舎利弗や目連は阿羅漢になりました。では成仏できないのかというと、そうではありません。『法華経』では、「彼らは阿羅漢になった」と言うと同時に、「成仏できる」とも言っているのです。つまり、未来永劫にわたる修行をして彼らも仏になると断言しているのです。すると、『法華経』は「五性格別」とはちがうのでしょうか。いや、ちがいません。『法華経』も五性各別論なのです。ただ、輪廻転生という考え方を導入して非常に長いスパンで人の生死を考えているのです。

涅槃に入った阿羅漢は仏になれるのか？

「灰《け》身《しん》滅《めっ》智《ち》」ということばがあります。涅《ね》槃《はん》に至り、かつ生理的機能さえも滅した境地です。そして、阿羅漢はこの境地に至るといわれています。さて、徳一は、灰身滅智した阿羅漢や辟支仏、つまり二乗がどうして成仏できるのだという論争を最澄にしかけています。菩薩道を歩むからこそ成仏できるのであって、灰身滅智してしまった声聞や縁覚は成仏できないではないかというわけです。

この灰身滅智の問題は、「輪廻転生」論なのです。小乗仏教では、阿羅漢は輪廻しないと考えています。しかし、それはあり得ません。「阿含経」という古い経典には、「阿羅漢になったら絶対に輪廻しない存在になれる」ということが書いてありますが、大乗経典では「それはうそ(方便)だ」と言っています。

要するに、大乗仏教の考え方に立てば、どんなことがあろうとも真の仏にならない限りは輪廻を超越できないし、涅槃にも入れないのです。ですから、先ほど徳一が最澄に「灰身滅智」の論争をしかけたと言いましたが、実は徳一も最澄も、二人とも阿羅漢になった人々も仏になれるということは信じているのです。

つまり、輪廻するからです。生きとし生けるものは、何度も生まれては死に、死んでは生まれるという輪廻を繰り返します。その長い過程において、一度阿羅漢になっても、また別の存在に生まれ変わるから仏になれる可能性が出てくるのです。

小乗仏教においては、「阿羅漢になったら涅槃に入って輪廻しない」と考えていました。その考えでいえば、五性各別の声聞定性は阿羅漢に、独覚(縁覚)定性は辟支仏になるのですから、輪廻できなくて真の仏にはなれないことになります。

しかし、それは小乗仏教の論理なのです。徳一にしても、大乗仏教の勉強はしています。ですから、声聞が仏になれるという可能性は認めています。一言も「仏になれない」などとは言っていません。

徳一は、「いずれはみんなが仏になることはわかっているが、いま現実に阿羅漢への道を歩んでいる者もいるし、辟支仏（独覚）への道を歩んでいる者もいる。さらには一闡提といって、無種性のまったく仏に縁もゆかりもない連中だっているんだぞ」と言いたいわけです。すなわち、そういった仏の道——それは菩薩の道です——を歩もうとしない者をどのようにして歩ませるか、その手段が問題になってくると言っているのです。

ですから何度も言うように、最澄と徳一との差、つまり「法性宗」と「法相宗」の差というのは、「溶けて流れりゃみな同じ」ということと、「いま雪なのか雨なのかのちがいが問題なのだ」という認識のちがいということになるわけです。

徳一の方便、最澄の方便

その問題を、二人の論争に即して見てみましょう。

いま現実に、仏教をじゃまする者もいるわけです。仏道を歩まないどころか、仏道を歩んでいる者を殺したり害したりする存在がある。そして、その人だっていつかは「溶けて流れれば同じ」だというのはわかる。しかし、いま目の前で仏教のじゃまをする者がいれば、その問題を解決しなければならないではないか、大雪が降ってきたら雪かきをしなければならないではないか、というのが徳一の言い分です。

ですから、徳一も最澄もお互いに『法華経』を読んではいるのですが、徳一からすれば、「みんなが仏になれる」というのは方便なのだと強調したいわけです。現実にいまこの世の中で悪いことばかりしている人たちや仏教を弾圧している人たちに対して、徳一は、「おまえたちは今生《こんじょう》で仏になれない」と言ってしまいたいわけです。しかし、そう言えばその人たちにはあきらめの気分が先行し、変わろうにも変われないかもしれません。彼らの悪事をやめさせる可能性さえもなくなってしまうかもしれません。

だから、ほんとうは今生では仏になれないのだけれども、「おまえたちも仏になれる」というのが『法華経』の方便だというのです。しかし、徳一はあくまでその人は今生では仏になれないと考えています。最澄の「長い輪廻の果てに仏になれる」という論理に対して、徳一はあくまで今生という限定された時間の中で、いまこの世の中において「仏になることができない者がいる」と言っているのです。

自分だけの悟りを求めて他人を救おうとしない者、あるいは仏教になど目もくれないで悪事ばかり働いているような人間に、「おまえは仏敵だ。おまえのようなやつは今生で仏になれない」と言ってしまうと、「どうせ仏になれないのだったら何をやってもいいいや」と考えてしまうかもしれません。すると、来世もまた仏になる可能性がなくなってしまいます。

だからそういう人たちには、来世に希望を持たせるために、「おまえには仏になる可能性があるのだよ」と方便として言っているのが『法華経』だというのが徳一の解釈です。徳一は、『法華経』が「みんなが仏になれる」と言っているのは方便論だとしたのです。

方便として「みんなが仏になれる」というのはわかるが、現実から言ったらそんなことありっこないだろうというのが徳一の本音です。

しかし、最澄はまるで反対です。

「長い輪廻ののちにはかならず仏になるのだから、〝ある種の人間は成仏できない〟ということが逆に方便なのだ」

と考えます。これは例えて言えば、「ほんとうはこの学校は全員が卒業できるのだが、校長先生が〝落第するやつも出るぞ〟と言っているのは方便なのだ」というようなことです。それに対して徳一は、今学期卒業できない生徒のことを心配しているのです。その生徒は実際に卒業できないのですから、来期卒業できるようになんとか勉強させなければなりません。だから、徳一はその子に落第を宣言したほうがいいと思っているわけです。

しかし、そこを『法華経』では、「どうせおまえは落第してしまう」と言ってしまうと生徒の勉強する気さえも奪ってしまうかもしれないから、「おまえだってやればできるのだよ。一番にもなれるんだよ」と言っているんだと徳一は受け取っているのです。したがって、それは方便ということになります。この最澄と徳一の方便の差をよく理解していただきたいと思います。

仏になるのはいまか未来か？

いままで述べてきたように、徳一は「現実論」に立ち、最澄は「理想論」に立って論争が行なわれてきました。徳一は、現にお釈迦さまの弟子たちは阿羅漢になった小乗タイプの人間たちだったし、お釈迦さまに反抗したといわれる提婆達多《だいばだった》（デーヴァダッタ）などは、お釈迦さまを殺そうとして地獄に堕ちたといわれているくらいですから種なしタイプの人間だっただろうし、そのちがいは歴然としてあると思っています。つまり、徳一は歴史的事実によって「五性各別」をとらえているのです。

それに対して、最澄はそのような差別を廃します。まさに理想論です。溶けて流れればみな同じなんだ。みんな仏になるんだよ、というわけです。徳一は現実から理想を批判するし、最澄は理想に立って現実を批判するのですから、その溝は埋まるはずがありません。それは最初から立つ基盤がちがうからです。

徳一との論争ではそれほど理想論に立っていた最澄なのですが、なぜか相手が空海となると、急に変化を見せます。突然「現実論」に立ってしまうのです。

最澄と空海のちがいをいってみれば、最澄が「努力して仏になろうとする」のに対して、空海は「最初から仏である」と考えているところでしょう。

最澄は、「溶けて流れればみな同じ」と言います。要するに、溶けて流れる永遠の彼方に視点を置けば、いずれ遠い将来においてみんなが仏（H_2O）になるということです。

一方空海は、「いずれ仏になれるのならば、いまだって仏だろう」と言います。すると最澄は、「いま仏だと言ってもらっては困る」と反論します。なぜかというと、いまここで「おまえはもう仏だ」と言ってしまったら、誰も仏を目指して歩もうとしなくなるからです。

最澄は徳一に対して、「永遠の彼方を見ればみな仏だ。現実にある差別は方便だ」と言って理想論を展開しましたが、空海が「いまがもう仏だ」と言うと、「いや、そんなばかなことはない。現実には成仏していないではないか」と現実論に戻ってしまいます。この最澄の揺れというか、変化には興味がそそられます。

理想を仏だとすれば、最澄は未来に理想を置くわけですから、いま立っている場は現実ということになります。一方、空海は理想を現在に置いているのですから、こちらのほうが理想論に見えてくるということです。

この「永遠の彼方において仏である」という考え方と、「いますでに仏である」という考え方の関係をどうとらえればいいのでしょうか。最澄の考え方と空海の考え方は交錯《こうさく》しないのでしょうか。

最澄の理論は、「溶けて流れればみな同じなのだから、永遠の彼方においてはみんな仏になる」というものです。では、「永遠の彼方においてはみな仏なのだということは、いまも仏である」とは言えないのでしょうか。

最澄は、「いずれみんなが仏になる」と言っているのですが、ということは、「いまは仏ではない」ということなのでしょうか。どうもこのへんが問題になりそうです。

みんなが仏になるのであれば、やはりいまも仏であると言えるのではないのでしょうか。永遠の彼方に仏になるものがいまは仏ではないとすると、仏でないものが仏になることになってしまうからです。論理的に、仏でないものが仏になる可能性というのはあるのでしょうか。

つまり、「永遠の彼方において仏になれる」という命題の中に、「いまこの現実の人間は仏でない」ということが含まれているのか、それとも「現実の人間はすでに仏である」ということになるのか、そのどちらなのかということが最澄の思想を読み解くキーポイントになるような気がするのです。

仏だから仏になる

ここで、最初の話をもう一度並べてみると、徳一は「溶けて流れればみな同じだけれども、雪は雪である」と言います。それに対して最澄は、「しかし雪は H_2O である。溶けて流れればすべて H_2O である」と主張します。すると徳一は、「でもいまは雪である。いまは水ではなく雪である。それは水になる性質だけれども、いま現実にここにあるのは雪なのである」と言い、最澄はまた、「でも、雪は水ではないか。雪も水も H_2O である。すべての水は H_2O である」と繰り返すわけですからこれではきりがありません。

最澄が「いまのあり方がH_2Oなのだ」と言っているのは、要するに、「未来永劫の彼方において仏になるということは、いますでに仏なのだ」ということです。

一方、徳一が、「しかしいまは雪であり、氷であり、水蒸気である」と主張しているのは、「未来永劫の彼方において仏になるけれども、いまは仏ではない」ということです。

その場合、「いま仏でないのが仏に変わる」と言っているわけですから、つまり「火が水に変わる」ということが言えないとダメです。

「赤ん坊はおとなになるが、いま現実として赤ん坊は赤ん坊ではないか」という議論もあるでしょう。確かにそうです。でも、赤ん坊もおとなも人間にはちがいありません。人間としての赤ん坊が人間としてのおとなになるという言い方をすれば、それは人間ということで同じなのですから、火が水に変わるのではなく、最初から水は水だったということです。

果たして、「仏でないものが仏に変わる可能性がある」ということがほんとうに言えるのでしょうか。インド思想に、「因の中に果がある」のか、それとも「因と果は別もの」かという議論があります。結果は原因によって引き起こされるのだから、原因の中に結果が含まれていなければおかしいではないかという主張と、一方は、因と果は別ものだという主張です。では仏教ではどちらをとるのかというと、

――「因中果《いんちゅうか》」論――

なのです。因の中に果がないと、絶対に果は出てこないというのです。つまり、永劫の未来が結果でいま現在が原因なのですから、永劫の未来に仏になるとすれば、いますでに仏でなければならないということです。

頭が痛くなったでしょうから、ここで少しまとめてみます。いま二つの議論を述べましたが、最澄の理想主義の立場に立つと、「永遠の彼方に仏となるならば、いまこの仏となる前の状態だって仏といえるのではないか」ということになります。もう一つ、徳一の考えは、「そうは言っても、現実にはそれぞれの状態があるではないか。仏もあるが、声聞も縁覚も、菩薩という存在もあるではないか」というものです。だから話がかみ合わなかったのですから、ここでいったん徳一の立場を横に置き、最澄の立場で見てみましょう。

例えば、カエルの子はオタマジャクシです。ということは、カエルの子はカエルというべきなのでしょうか、それともカエルの子はカエルではないというべきなのでしょうか。

このことばを入れ替えて、仏の子どもは仏なのか、と言っても同じことです。「従果向因《じゅうかこういん》」ということばがあります。結果から原因を見ることです。つまり、カエルの立場（結果）からオタマジャクシ（原因）を見ると、オタマジャクシはカエルであるとわかります。しかし、オタマジャクシという因からカエルを見たときには、自分のことをカエルだと思っていない可能性があるのです。

それでは最澄はどちらの立場で見ているのでしょうか。最澄は、如来の立場から見ているのです。ですから、カエルの子はカエルとなります。オタマジャクシといった存在、カエルとは別の存在なのではなく、最初からカエルなのです。最澄の理想論に立つと、そういうことになります。

理想論の最澄と現実論の最澄

ところが、最澄はそういう理想論に立ちながら、次に密教が出てくると、途端に現実論に変わってしまったように見えます。ここをどう考えればいいのでしょうか。

最澄の「仏の子は仏なのだ」という立場は理想論です。ところが、最澄は、空海を前にしたときに、その立場を放棄しているような気がするのです。空海と論争したときに、あるいは空海との関係において、最澄は「仏の子は仏だ」という論理を捨ててしまったように見えます。徳一との関係とはまったく逆になってしまうわけで、そこが非常にわかりにくいところだと思うのです。

最澄の理想主義とはなんだったのでしょうか。それは、「溶けて流れればみな同じ」という立場に立ったときに、現実の雪や雨、水などを区別しなくていいということだったはずです。

「男と女はみな同じ」という議論がありますが、その場合も、現実には男と女があるわけです。日本国憲法では「男女は平等である」と謳《うた》っていますが、男と女の区別はないとは言っていません。では、区別する必要があると言っているのでしょうか、それとも区別しないほうがいいと言っているのでしょうか。

それを最澄の理想論で言えば、「区別しないほうがいい」と言っていることになります。「溶けて流れればみな同じ」なのですから当然そうなります。

理想とは、「現実を変えよう」ということです。「現実を重視しよう」というのは理想論ではありません。つまり、「差別はあるけれども差別をなくそう」というのが理想論なのであって、「差別を残せ」というのは理想論ではありません。最澄は「差別はなくそう」と言っているのですから、理想論の立場なわけです。

最澄は、雪も雨も同じH_2Oなのだから区別するなと言いました。したがって、凡夫と仏もまた区別する必要はないはずです。最澄の理想論に立てばそうなります。そうであれば、凡夫も仏ものほほんとしていればいいのです。

ところが、最澄は空海を前にすると、「仏と凡夫を区別する必要はない」と言わなくなります。むしろ空海がそう言うのに対して、最澄は、「いや、仏と凡夫はちがう」と言い出すのです。

そうなると、最澄のほうが現実論で空海のほうが理想論になってしまいます。最澄は、徳一と対しているときは理想論だったのに、空海と対するときには現実論になってしまうということです。

別の言い方もできます。先ほど、現実の差別を否定しようとするのが理想論だと言いましたが、空海は現実の差別をそのまま容認しているともとれます。そのように考えれば、空海は現実論に立っているということになります。それに対して、最澄は理想論の立場から「現実容認はやめろ」と説いているとも思えます。

現実を肯定するという点では空海と徳一は同じですが、徳一が現実の差別を「問題視している」のに対して、空海はどちらかというとその差別を「肯定している」ように見えます。だから最澄には空海が差別主義者に思えたのではないでしょうか。そこで、最澄は理想主義の立場から「それはちがうぞ」と言ったのだと考えることもできます。

空海は理想主義者だといいながら、容易に現実肯定主義になってしまう――。最澄にはそう見えたのでしょう。例えば、理想論でいえば「男女の差別はない」ということになります。でも、現実には男と女はちがいます。空海はそれも肯定的に容認します。

そんな空海を最澄は、「みんな同権なんだから女も男風呂に入れ」というような無茶苦茶なことを言っているように思えたのではないでしょうか。だから、最澄は空海に、「そんなものは理想主義でもなんでもない」と言いたかったのでしょう。

そうだとすれば、もちろん最澄は空海を誤解しているのです。空海の言いたかったことはそうではありません。空海は、「どうしておまえはそんなに仏であれとか戒を守れなどと言っているのだ。おまえはすでに仏なのに」と言いたかったのです。

もっと別のたとえで最澄と空海のちがいを言ってみましょう。浄土真宗の篤信者《とくしんしゃ》を「妙《みよう》好人《こうにん》」といいますが、ある妙好人のこんな話が言い伝えられています。

その人が本堂でゴロンと昼寝をしていると、「阿弥陀さんに尻を向けて何をしているんだ」と怒られました。すると、その人はそれに対して、「ここは親さまの家だ。親さまの家でゴロンと昼寝して何が悪い。そういうおまえは継子《ままこ》であろう」と言ったというのです。

この話に現れているように、本堂における態度でも、「親の家なんだからどうでもいいじゃないか」というのと「親しき仲にも礼儀があるのだからしっかり威儀を正すべきだ」という考えがあります。そして、どちらかというと空海の考えは「親の家なんだから……」というもので、最澄は「威儀を正すべきだ」というほうに近いのではないでしょうか。

仏なら修行は不要か？

最澄が亡くなったあと、天台宗からはいろいろな人が輩出しましたし、いろいろな考え方も出てきました。理想主義という点から見れば、その立場に立つ人もいたし、逆の立場に立った人もいます。

例えば道元禅師は、比叡山で学びながら空海の思想を受け継いだ人だと思います。道元は、「人は初めから凡夫ではなく仏なのだとしたら、どうして修行をしなければならないのか」という疑問を持ち、比叡山を去っていきます。そしてその疑問を解決するために、明全とともに中国（宋）に渡っていくのです。

本書のシリーズである『ひろさちやの「道元」を読む』にも書きましたが、道元の場合はアマチュアなのだと思います。というのも、修行をするのがプロのお坊さんなのに、道元はそこに疑問を持ったからです。プロというのは練習をするものですが、アマチュアは練習をしません。うまくなってはいけないからです。アマチュアリズムというのは「うまくならない」ということを前提とします。うまくなったらプロだからです。

アマチュアリズムはジェントルマンシップと結びついているので、一所懸命に練習する人は嫌われます。アマチュアは、ジェントルマンシップに基づいて「プレイを楽しむ」立場なのです。それなのに、日本人はゴルフなんかを始めても必死になって練習し、じょうずになってからでないとコースに出てはいけないと思っています。でも、それはアマチュアリズムではありません。だから、イギリス人などは日本人を、「日本人はアマチュアなのに練習をして何をやっているんだ」と、奇異の目で見てしまうのです。

逆にいうと、プロは練習をするのが当たり前です。練習をするからプロなわけです。ところが、プロの集団の中で道元は、「え、なんで練習をしなければいけないの?!」という疑問を起こしてしまったのです。

比叡山の側にしてみたら、「プロなんだから練習をするのが当たり前だろう。練習をするのがいやだったらアマチュアになれ」ということになります。

例話と本題が錯綜してしまったので、軌道修正しましょう。道元は、「みんなが仏の子だったらみんなが仏ではないか。それなのに、どうして修行などしなければならないのか」という疑問を持ちました。そんな道元に対して、比叡山はのちに迫害を加えるわけです。どうして迫害を加えたのかというと、道元の疑問は、天台宗のさまざまな教えの中の一つである「本来修行など不必要ではないか」という最澄の理想主義の中に含まれているのです。そういう理想主義があるのに、最澄は空海に対すると「修行は必要だ」と逆に反応してしまいました。それに象徴されるように、この教えは天台宗としてはあまり前面に出したくないものだったのです。

ところが、それだけが前面に出てきたので、当時の天台宗にしてみると道元は鬼子《おにこ》（親に似ない子）のように見えて、自分の子どもだけれども憎たらしい存在になったのです。だから迫害したのではないかと思います。

それから、法然上人の浄土宗も迫害されました。のちに浄土真宗を開く親鸞聖人も、当時は浄土宗だったのでいっしょに迫害されました。天台宗が浄土宗を迫害した理由はわかりきっています。浄土宗の立場は徳一の立場そのものだったからです。

浄土宗の思想とは、「みんなが成仏できるというけれども、いまこの末法の世の中では、成仏できない人がいる。それは、なんの能力もないわれわれ凡夫だ。われわれは修行などもできないし、成仏なんてできっこない。だからこそ阿弥陀さんの国に行って、阿弥陀さんに救ってもらうんだ」というものです。成仏できる人とできない人がいるという現実論から出発するのですから、これは徳一の思想でしょう。こういう現実論でぶつかってこられると、天台宗は迫害を加えるのです。

それらの迫害のように、のちの比叡山が行なった事跡を分析してみると、最澄の理想主義の一つの姿が透けて見えてきます。理想論を掲げながらも、「何もしなくてもいいんだよ」と、そこまで言われることに対するものすごい抵抗感があるのです。と同時に、それがほんとうの理想主義だということを最澄はよく知っていたと思います。

初めから仏子

しかし、空海は、最澄とも徳一ともこういう論争をしませんでした。

空海の主張は「曼茶羅《まんだら》」だったからです。曼茶羅とはすべての存在が仏であることを前提にして、その仏の世界を図像化したものです。みんなが初めから仏なのですから、「一闡提を除く」とか「仏になれない者がいる」、あるいは「仏になれない者はいない」などといった議論が成り立たないのです。すべてが曼荼羅の世界の住人で仏性を持っていて、いわば初めから仏なのですから。
最澄の思想と空海の思想を都々逸《どどいつ》で表してみましょう。まず最澄です。

戒だ律だと言わずにおくれ
　仏子であれの一言で

「戒」だとか「律」だとかと、そんなもので人間を縛るべきではない。あなたも仏の子でありなさいと、一言そう言えば救われるのだよというのが、最澄の主張です。
それに対して、空海ならこうつくるのではないでしょうか。

仏子であれとも言わずにおくれ
　わたしゃ仏子だ初めから

最初から仏なんだから、「仏子であれ」とさえあえて言う必要はないということです。だから徳一とも論争になりません。仮に徳一が「仏になれない者がいる」と言ったとしても、空海は「えー?!」と声をあげて、「そんなことを言っているおまえが仏子ではないか」と呵呵大笑《かかたいしょう》することでしょう。

仏子ということばを文字どおりに解釈すれば、「仏の子」です。いまは仏でなくても、つまりオタマジャクシでも、やがては手が出て足が出てカエルになることはわかっているのですから、これはカエルです。「でも、いまはオタマジャクシだ。これはカエルではない」などという論争をしても、空海はただ笑っているしかないだろうということです。

第六章

一隅を照らす人は国の宝

比叡山と東大寺

最澄の時代、僧侶は国家公務員だったことはすでに述べました。その国家公務員になるためにはどうすればよかったのでしょうか。最澄の場合を見てみましょう。

第一章にも書いたように、最澄は七歳くらいで陰陽道や医学などを学び、十二歳で近江の国分寺に入門が許されています。

ここで注意しておきたいのは、「お寺に入ったらお坊さんになる」と思われがちですが、それはちがいます。最澄は十二歳で国分寺に入っても、お坊さんになったわけではありません。国分寺というのは、それぞれの地域の若者たちが勉強する機関でした。だから、寺子屋に入ったようなものです。別に小坊主になったのでもなんでもなく、在家のまま国分寺に入ったのです。

最澄は、国分寺で質の高い勉学と修行を行ないながら、十五歳のときに得度して僧籍に入りました。ここで初めて見習いの僧である沙弥《しゃみ》になったのです。沙弥にも「沙弥の十戒」というものがあり、彼はここで受戒しています。このとき、名前も俗名の広野から僧の名である最澄になりました。

そして十九歳のときに東大寺で受戒し、正式な僧侶となりました。普通は二十歳にならないと受戒できないので、最澄は年齢を一年ごまかしたのではないかという説もありますが、最澄の戸籍の年齢と実年齢が一年ずれているという説もあります。ともかく、普通は二十歳にならないと正式に戒を受けられません。そして正式に受戒をした人が〝比丘〟となるのです。

比丘とはサンスクリット語の「ビクシュ」の音写で、出家得度した一人ひとりの修行者を指します。女性は「ビクシュニー」(比丘尼《びくに》)です。

それに対して、「僧」は「僧伽《そうぎゃ》」の略で、もとのサンスクリット語は「サンガ」であり、比丘たちの集まりを意味します。それがいつの間にか、中国や日本では比丘と僧がごちゃ混ぜになって使われるようになったのです。ですから、本書では混乱を避けるためになるべく「お坊さん」という表現を使っているわけです。

さて、最澄がせっかく受戒したのに、奈良にはとどまらず、比叡山にこもったことはご承知のとおりです。延暦七年（七八八年）、二十二歳のとき、最澄はのちの延暦寺根本《こんぽん》中堂《ちゅうどう》となる「一乗止観院《いちじょうしかんいん》」を山中に建立しました。そして、しだいに経蔵やお堂などが建てられていったのです。

比叡山に入る年齢には、制限がありません。ですから、最澄が国分寺に入った年齢と同じように、十二歳で入ってもいいし十五歳で入ってもいいのです。もっと遅く、三十歳過ぎてから入ってもかまわないわけです。しかし、何歳で比叡山に入ったところで、それはお坊さんになったことを意味しません。比叡山で修行をやっていてもお坊さんでもなんでもないのです。

では、どうするのでしょう。比叡山で一所懸命に勉強して、ようやく年間で十人前後しか認められない難関、東大寺に入るための受験をするわけです。そして東大寺に行って比丘の資格をもらい、そこで初めてお坊さんになることができたのです。だから、比叡山で十二年の籠山行をやっても、いくら厳しい修行をしても、お坊さんになれない人はたくさんいました。そこでは経典も教え、一所懸命に学問を教えているし、みんな一所懸命勉強しているのですが、それと正式な比丘になることとは別でした。

東大寺に行って受験して国家試験に通らないことには、正式な比丘にはなれないのですから、みんな比叡山で一所懸命勉強します。そして十分実力を蓄えると、試験を受けに行ったのです。ところが、東大寺の受験に受かると、今度は正式な僧侶になったので、比叡山に帰ってこない者もたくさん出るようになりました。そこで、優秀な修行者たちに東大寺に逃げられたら困るということで、最澄は比叡山で正式な僧侶を養成しようとした、という説もあるのです。

比叡山に天台宗独自の戒壇を建立しようとしたことの意味の一つには、そのような背景があったとも言われています。

年分度者はエリートコース

このように、比叡山というのはお坊さんが住んでいる場所であるとも言い切れないのです。比叡山の大乗戒壇が認められる前は、東大寺での試験にパスしてお坊さんになった人が帰ってくることにより、初めて「比叡山のお坊さん」になるわけです。しかし、帰ってこない人もいっぱいいました。それでは比叡山に誰もいなくなったかというと、そうではありません。なぜなら、比叡山で勉強している人は大勢いたからです。

とにかく、比叡山で一所懸命に勉強しているのは、みんなお坊さんだということではなかったのです。なんとなく後世のイメージで、比叡山はいわばお坊さんの総合大学だと思われていますが、そういうわけでもなかったということです。

さて、比叡山に大乗戒壇ができてからはどうなったのでしょうか。大乗戒壇ができると、今度は比叡山で授戒できるようになったのですが、しかし、それは年間二人しか許されませんでした。年分度者という「定員」があったからです。「博士号はうちの大学で授与するんだからいくら出してもいいんだ」と言って、大学でみんなに博士号を与えるようなわけにはいかないのです。その数は朝廷によってしっかりと決められていました。比叡山にいるお坊さんといっても、比丘の資格を持っているものは限定されていたということです。

そういう意味では、例えば法然上人などはきちんと得度して比叡山で受戒したお坊さんです。彼が活躍していた頃はまだ平安末期なので、年分度者の割りあてに従って戒を受けたのです。そのように、法然は正式な比丘の資格を持っていましたが、資格のない学生のような人たちもいっぱいいいました。

名のある人でも、正式な資格のない仏教修行者はいました。比叡山ではありませんが、例えば入唐して玄奘三蔵に学んだ法相宗の道昭《どうしょう》（六二九〜七〇〇年）もその一人です。彼は中国の法相宗を日本に初めて伝えた人であり、また、わが国で最初に火葬に付された人としても知られています。

したがって、比叡山で修行しているからみんながお坊さんだと思ったら大まちがいで、比丘の資格を持っているのはごくわずかだということです。

年分度者は、のちには十二人に増えましたが、それまでは年間に東大寺で十人しか認められていませんでした。しかも、法相宗は何人と割りあてられて定員が決まっていましたから、比丘になるのは大変むずかしかったのです。

天台宗の公認

延暦二十五年（八〇六年）、天台宗に二名の年分度者を割りあてるという勅許が下り、天台宗は国家公認の宗派になりました。これが日本の天台宗の開宗です。二名のうち一名には「止観業《しかんごう》」として『摩訶止観《まかしかん》』を読ませ、一名には「遮那業《しゃなごう》」として『大毘盧遮那成仏神変加持経《だいびるしゃなじょうぶつじんぺんかじきょう》』（大日経《だいにちきょう》）』を読ませるといった役割も決められ、「これは南都六宗に準じる」とありました。これで毎年二人ずつ正式な僧侶を出せるようになったのです。

しかし、逆にいえば、これはたった二人の年分度者しか認めないということでもありました。そして、この二人が東大寺に行ったきり比叡山に帰ってこないという事態が相次いだのです。東大寺で受戒して一人前の僧侶になったのに、「華厳宗にくら替えします」という者が次々と出てきたわけです。

だから、比叡山を「お坊さんの大学」というイメージでとらえると、誤解されやすいかもしれません。お坊さんが住んでいるところではなく、むしろ「僧侶養成所」のようなものといったほうがいいのでしょう。しかし、僧侶になれる人は数少ないし、ならない人もたくさんいたはずです。そこで勉強してお坊さんになりたい人ばかりとは限らないからです。

年分度者の制度は、平安末期から鎌倉初期まで存続しました。親鸞がそうですし、道元もちゃんと年分度者になっています。

この制度の変わり目は、法然と日蓮の流罪に典型的に現れているといえます。流罪になるとき、法然は俗名を与えられて還俗《げんぞく》（僧籍を剥奪し、俗人に戻すこと）させられています。つまり、その頃はまだ「僧尼令《そうにりょう》」というお坊さんと尼僧の取り締まり条項が生きていたことにより、ある意味でお坊さんは治外法権を有していました。だから、お坊さんを僧侶の身分のまま処罰することはできなかったのです。そこで一度還俗させて、僧籍を剥奪して俗人にしたうえで罰したのです。

ところが、日蓮のときには還俗させていません。僧侶のまま流罪にしています。ということは、その頃には律令制が崩れていたということを示しているわけです。平安末期までは、律令制が建前では生きていました。しかし、日蓮の頃になると鎌倉幕府はじかに罰しようとしていますから、もう「僧尼令」も形骸化していたのです。

したがって、その頃から自分で勝手に僧侶になる「私度僧《しどそう》」がどんどん増えていきます。個人的に自分で得度したというものもいれば、各宗派が自分のところで勝手にお坊さんの資格を出す場合もありました。だから、僧籍があるのかないのかもわからないような輩まで出てくる始末です。

僧兵などという武装したお坊さんもいました。寺院のガードマンのような役割を担っていたのでしょう。

比叡山という天台宗の総本山の性格は、そのように多様なものだったのです。

小乗仏教からの独立

大乗戒壇の設立の意味として、もう一つ、国家と離れて宗教的権威の独立性を打ち立てたかったという説もありますが、それは絶対にあり得ません。なぜかというと、東大寺で受けた二百五十戒を、最澄自身が弘仁九年（八一八年）に捨てているからです。五十二歳のときです。

――みずから戒を破棄――

したのです。大乗戒壇の設立は最澄没年の弘仁十三年（八二二年）ですから、最澄が小乗戒を捨てたあとのことです。

最初に説明したように、最澄は小乗戒を「汚ならしいもの」「坊主のインチキでしかないもの」と見ていました。だからそういう戒を廃止したいと思ったのです。日本仏教とは、そんなインチキをする小乗仏教とはちがうのだという自負を持っていたのでしょう。だから、最澄はそういう意味で大乗戒壇をつくりたかったのだと思います。

逆にいえば、東大寺の授戒という制度は、国家制度でありながら小乗仏教であるということです。最澄は、そういう小乗的国家仏教からの独立を大乗戒に負わせたのかもしれません。

しかし、最澄のつくった比叡山の大乗戒壇は国立の戒壇です。ですから、最澄には「国家からの独立」という気持ちはなかったはずですが、「小乗仏教からの独立」という意図はあったと思います。

後世になると、独立戒壇は園城寺《おんじょうじ》（三井寺《みいでら》）をはじめ多くの寺院が持つようになりました。国立ではない「私立」の戒壇ならばたくさんあるのです。

日本文化と天台思想

弘仁十四年（八二三年）、比叡山は朝廷から延暦寺の寺号を賜り、ここに「比叡山延暦寺」となりました。しかし、その前年に最澄はすでに没していました。

その後、比叡山は仏教をはじめ多くの日本文化に大きな影響をおよぼしました。それは絵巻物や文芸、歌、芸能など多岐にわたります。能などでも、「悉有仏性《しつうぶつしょう》」というテーマがよく出てきます。

これらの日本の文化は、ほとんど天台の「本覚思想《ほんがくしそう》」から生まれているといってもいいくらいです。天台本覚思想についてはここでは触れませんが、それほど比叡山の影響は大きかったということです。

『法華経』から生み出された文化も無視できません。「平家納経」をはじめ、絵画や和歌、物語文学など、『法華経』をテーマにした作品は数え切れないほど残され、その後の日本文化にも大きな影響を与えてきました。

それから、比叡山からは多くの優れた人材が輩出しました。その理由は、教育体系がきちっと整えられていたからです。修行の体系がしっかりと打ち立てられていたからです。具体的には、ステップ・バイ・ステップともいえる「菩薩の十地《じゅうじ》」のような階梯《かいてい》が用意されていて、修行者はその階梯に沿って修行に励むことができるので、優秀な人材が育ちやすいということができるでしょう。

空海のように、「法身仏の説法を聞け」などと言っていたのでは、特別な天才にしかできるはずがありません。ですから真言宗では目立った人が出ず、比叡山からは多くの優れた宗教家が出たわけです。

一隅を照らす

最澄のことばに、

――一隅を照らす、これすなわち国の宝である――

という有名な一句があります。現在、天台宗が「一隅を照らす運動」を実施しているので聞いたことのある方もいらっしゃることでしょう。しかし、この「一隅を照らす」という文言に関しては、かなりの議論があるのです。ここに原典を示しましょう。

国宝とは何物ぞ。宝とは道心なり。道心あるの人を名付けて国宝となす。故に古人の言く、径寸十枚、これ国宝にあらず。照于一隅、これすなわち国宝なりと。

(『山家学生式《さんげがくしょうしき》』)

ここにある「照于一隅」の〝于〟は〝於〟のことです。しかし、この「照于一隅」を宗門の木村周照《きむらしゅうしょう》師らは、〝于〟の字はどう考えても右から左に払っている、つまり〝于〟ではなく〝千〟になっているというのです。したがって、これは「照千一隅」ではないかという疑問を出しました。それであれば、

――千里を照らし、一隅を守る――

ということです。ところがいま天台宗では、

――一隅を照らす――

というスローガンにしています。

では、「一隅を照らす」と「千里を照らし、一隅を守る」とどちらが正しいのでしょうか。じつはこのことばは、中国の故事にもとづいたものです。以下に、中国天台宗中興の祖・湛然《たんねん》（七一一～七八二年）の『止観輔行伝弘決《しかんぶぎょうでんぐけつ》』の中の故事を紹介しましょう。

昔、中国の春秋時代、魏《ぎ》という国の王様が、「わたしの国には、直径一寸の珠（玉）が十枚あって、これは前後十二両もの馬車を照らすことができる。これは国宝だ」と自慢しました。自慢された斉《さい》の国の王様は、こう言い返しました。「わたしの国にはそのような珠はないが、そのかわり有能な臣下がいて各人が一隅を守っているので、外国の侵略もなく国内も治まっている。これは千里を照らす（十全の働きをする）ようなものだ。十二両の馬車しか照らせないものとは比較にならない（国宝とはそういうものではない）」と。

ですから、「一隅を守り、千里を照らす」となるわけです。あるいは「千里を照らし、一隅を守る」ということです。

ただし、その意味からすると、「照千一隅」と略すことが漢文として合っているかどうかが問題となります。正しくいえば、

——照千里、守一隅——

となるべきなのです。意味からいえば「守る一隅」ですから、当然こうなるはずです。それなのに、これをなぜ「照千一隅」と略せるのでしょうか。

この略はおかしいのです。「照千」となるのでしたら、「守一」にしないとへんですよね。

——照千守一——

同じ略すならこうなります。最初の最澄の略し方からしてへんなわけです。だから、言ってしまえばどっちだっていいのです。

あるいは「守一照千」と略してもいいですし、また「守隅照里」だったらわかります。だけど、「照千一隅」という略はおかしいのです。最澄が書いたにしても、もともとがおかしいのだからどっちでもいいだろうということです。

みんなぴかぴか光っている

また、「一隅を照らす」というのもおかしな訳です。「一隅を照らす」だと、隅っこを照らすことになります。そうではなく、「一隅から」照らすのではないかと思います。自分が一隅にいて、そこから全体を照らしていこうというのならまだわかりますが、「一隅だけを照らす」ということ自体、おかしい訳と言わざるを得ないのではないでしょうか。やはり、「自分はどんな隅にいても、そこからしっかりすべてを照らす」というほうが正しい意味ではないかと思います。

そこで、天台宗のある人に、「〝一隅を照らす〟というのは、どういう意味ですか?」と聞いたことがあります。

するとその方は、「わたしたちは〝ポストにベスト〟と訳しています。それぞれのポストでベストを尽くすことだと、そういうふうに理解しています」と言われたのですが、わたしはそれもちょっとちがうと思いました。

「最澄の考えはちょっとちがうのではないですか？　最澄の考えは、何もベストを尽くす必要はない、ということではないですか？」

そう言ったのです。

アメリカべったりの総理大臣にベストを尽くされたら、日本国民は困ってしまうし、経営者がベストを尽くせば、社員にとって迷惑なときもあります。残業ばかりで家に帰れなくなったりするかもしれません。そこでわたしは、「ポストにベストというのもおかしいのではないか」と言ったのです。

最澄は、「経寸十枚、これ国宝にあらず」と言っています。つまり、国宝とは経寸十枚といったようなりっぱな宝物ではないということです。

そして、それに続けて「古人いわく」として次のように記しています。

よく言いて行なうことあたわざるは国の師なり。よく行ないて言うことあたわざるは国の用《ゆう》なり。よく行ないよく言うは国の宝なり。

（『山家学生式』）

わたしなりに訳してみれば、要するに、仏教の教理をいろいろ解説はできるけれども、あまり実行はしていないひろさちやのような人は国の師、先生である。そして、黙って実行しているのが、国が用いるべきところの人である。さらに、国宝というのは、よく言ってよく解説し、自分でそれを実践しているものだ、ということになります。

ここで、最澄は国師と国用、国宝を使い分けています。これはなぜなのでしょう。最澄は、国師と国用、国宝の間に差をつけているわけではありません。それぞれがあると言っているだけです。そして、世の中にはわたしのように国宝になれないものもたくさんいます。

ですから、最澄は、「別に国宝にならなくてもいいのだよ。いま行なわれている〝一隅を照らす〟というのは、〝みんなすばらしい〟という運動なのだ」と言っているのではないでしょうか。わたしはそう解釈しています。

つまり、「みんなそのままですばらしいのだよ」という意味です。「どこにいても光っているよ」ということです。

「どの子もどの子もみんなすばらしい子どもであり、すばらしい人なのだよ。怠け者でもいい。怠け者でもすばらしいのだ。怠け者がいないことには、勤勉家が出てこられるはずがない」ということです。

怠け者のおかげで勤勉家がいるわけですし、大学受験では落第生がいるから合格者がいるのです。全員合格できるわけがないので、落ちるものだってすばらしい存在なのだと、最澄はそう言っているのではないでしょうか。それが最澄の心なのだと思います。

そうすると、「一隅を照らす」とは、

――みんなそのまま光っているよ――

――みんなぴかぴか光っているよ――

ということです。これが、「一隅を照らす運動」の本意のはずです。みんな同じ立場であり、どんな状態であっても、たとえ病気であっても、左遷させられたりしても、出世しても、どんなときでも光っているよ、ということなのです。

おばあさんはおばあさんで光っているし、おじいさんもおじいさんで光っている。棺おけに片足を突っ込んでいる人だって光っているよ、ということでなければならないはずです。

ことばを換えれば、「一隅を照らす運動」とは、最澄の基本からいえば、「学校で点数をつけるな。子どもに点数をつけるな。人間を評価するな」ということだと思います。みんな満点でもいいけれども、それでは点数をつけることになるので、やはり「点数はつけるな」と言うべきです。そういう運動が「一隅を照らす」ということです。

「ポストにベスト」では、ベストを尽くさない人はちょっとまずいということになります。だから、ベストを尽くさなくたっていいのだよと言うべきなのです。

『法華経』には「常不軽菩薩《じょうふきょうぼさつ》」という人が登場します。誰もが仏になるのだからと、あらゆる人を拝みます。拝まれた人の中には、「気持ちが悪い」「よけいなことをするな」と言い、常不軽菩薩を迫害するものもたくさん出現します。しかし、彼はそこからちょこちょこと逃げてまた迫害者を拝みます。

この常不軽菩薩のように、みんなが光っていると思ってあらゆる人を拝めばいいのです。死刑囚も拝めばいいのです。「一隅を照らす運動」とはそういうものだと考えてほしいと思います。

最澄のことば

それから、『山家学生式』の中に次のことばがあります。

悪事を己に向《むか》え、好事を他に与え、己を忘れて他を利するは慈悲の極《きわみ》なり。

――好ましくないことをみずからすすんで引き受け、好ましいことを他者へ振り向け、自分の利益を忘れて他者を利するのは、慈悲の究極のありかたである――

己を忘れて他を利するというところから、「忘己《もうこ》利他《りた》」と呼ばれる有名なことばで、最澄の根本精神といってもいいものです。

「すべての人が幸せにならない限り、わたしの幸せもないのだ」

宮沢賢治とまったく同じく、最澄もそう言っているのです。

また、『伝教大師消息』には、

――最澄にはまったく驕慢《きょうまん》の心はありません――

という文言があります。これを見ると、おごり高ぶるという意味では、最澄は「自己否定の人」という印象を持ちます。自己肯定から出てくる空海のことばとはだいぶ異なります。マイナス思考とプラス思考の差のようなものです。また、これが親鸞聖人ですと、「驕慢の心は自分の中にある煩悩」と言うことでしょう。

ここでいう「なし」とは、「ない」という意味ではなく「なくそう」ということです。「あってはならない」という自戒の念を込めているのです。

それと、よく女性差別的と受け取られる次のことばもあります。

又女人の輩《やから》、寺側に近くることを得ざれ。何に況《いわん》や院内清浄の地をや。

（『根本大師臨終遺言』）

――また、女性を寺に近づけてはならない。ましてや寺院内の清浄な場所については言うまでもない――

これは、男性にとって女性を近づけてはいけないというのと同時に、女性にとっても男性を近づけてはいけないということです。女性だけが差別されていると思ってもらっては困ります。あくまで「異性を」という意味なのです。ですから、「異性の輩を」と読んでいけばなんの問題もありません。かつて比叡山には尼さんはいませんでしたが、いまは瀬戸内寂聴さんもおられるわけですから、女性差別はないものと信じています。

さらに、次の有名なことばもあります。

道心の中に衣食《えじき》あり、衣食の中に道心なし。

（『伝述一心戒文《でんじゅついっしんかいもん》』）

――悟りを求める心があれば、衣食はおのずからついてくるが、衣食をむさぼり求める心が先に立つと、悟りを求める心はでてこない――

一所懸命仏道を歩むという気持ちさえ持っていれば、衣食住はあとからみんなついてくるものだということです。

衣食住について、時宗の開祖である一遍上人（一二三九年～一二八九年）も核心を突くことばを残しています。要約するとこうなります。

「いちばんすばらしい人は、家にあって妻子を持ちながら執著しないで修行ができる人です。こういう人を上根の人というのでしょう。次にすばらしいのは、家は持っているけれども妻子は持っておらず、しかもその家に執着せずに修行できる人です。つまり、寺に住んで修行できるのは中根の人でしょう。わたし（一遍）のような下根の人間は、すべてを捨てなければダメです」

一遍はこう言って、住む家を捨てて遊行に出るのです。

一遍はみずからを下根と称し、親鸞はやはり偉い、上根だというのです。妻子を持ちながらなおかつ家にあって、そして仏道を歩めるからです。法然は、妻子は持っていないが寺に住している、だから中根と見ているのです。ですから、衣食というものをどう解釈するかということは重要な問題なのです。その点、最澄は「道を求める心があれば衣食はついてくる」と考えていました。

最澄には次のようなことばもあります。

怨《おん》を以て怨に報《むく》いれば怨止まず。徳を以て怨に報いれば怨みすなわち尽く。

（『伝述一心戒文』）

これは『法句経』のことばをもとにしています。なかなか理想どおりにはいきませんが、やられたらやり返せでは、争いはいつ果てるともなく続くことは、テロを見れば誰にでもわかります。

次のことばにも最澄の願いがよく現れています。

一切の有情　皆　悉《みなことごとく》　成仏し、一として成ぜざるはなし。

（『守護国界章』）

これは『法華経』からのことばです。「一として成仏せざるは無し」というのが普通の読み方ですが、これを法相宗では、「無の一は成仏せず」と読み、最澄と論争になったわけです。法相宗では、「無種性のものは成仏しない」と考えているからです。しかし、最澄はこう言います。

――一として成仏せざるは無し――

みんなとともに菩薩の道を歩むこと、これこそが最澄の終生の願いだったのです。

次に、前にも出ましたが、非常にいいことばなので、もう一度出させてもらいます。

道心の中に衣食あり、衣食の中に道心なし。

「衣食の中に道心なし」とは、衣食を求めたりぜいたくがしたいという気持ちが自分の中にあると、道を求める心は出てこない、ということです。そして、「道を求める心があればおのずから衣食はついてくる」と最澄は言うのです。

最澄と空海とは、ほんとうに性格がちがいます。空海ならこう言います。

「あなたがたは心配することなく、修行に打ち込みなさい。衣食のほうは、わたしが心配してあげよう。保証してあげよう。絶対に飢えないようにしてあげるから、しっかりと修行しなさい」

それに対して最澄は、

「修行をしていればおのずからメシはついてくるよ」

と言うわけです。このちがいは性格のちがいというしかないでしょう。

お酒に関しても、最澄は「酒を飲むものは山を去れ」と言っています。ところが空海は、「塩をつまみにして飲む一杯、これは許す」と言っているのです。冬の比叡山や高野山はとても寒いですから、酒でも飲まないとやっていけません。しかし、最澄は「酒を飲むやつは山を去れ」と言い、空海は「一杯やってもいいよ」と言います。おもしろい対比です。

「戒」の意味するところ

ここで思い出すことがあります。わたしが四十代初めの若い頃のこと、第二百五十三世天台座主だった山田恵諦《やまだえたいげいか》猊下（一八九五〜一九九四年）にインタビューをするために、二、三日比叡山に通いました。そのとき、恵諦猊下がわたしにお酒を出してくださいました。

念のため、「座主」とは管長さんのことで、「猊下」とは高僧の敬称です。

猊下のお酒は「山田燗《かん》」といって、アルコールがすべて飛んでいるようなグラグラしている熱燗です。それを二本しか飲まれません。しかも、冷めてからしか飲まれません。われわれに出されるお酒とは区別されています。

ところで、その酒席で、わたしはついつい猊下に聞いてしまいました。若気の至りと言うべきでしょう。いまのわたしであれば、とても聞けないことを聞いたのです。

「最澄は、比叡山でお酒を飲むものは山を去れと言っていますが、猊下はなんでお酒を飲まれるのですか」

すると猊下は、

「ひろさん。わたしは昔、酒もタバコも飲んでいたのですが、あるとき病気をしてしまい、母に『酒かタバコのどちらかをやめろ』と言われました。そのときどちらにしようかと思いましたが、タバコはほとけさまに差し上げますといってタバコをやめました。それで酒を飲んでいるのです」

とおっしゃいました。説明になっていないので、そのときはペテンにかけられたかなと思ったものです。

しかし、そのあと「戒」についていろいろと勉強していって、やっと「ああそうか」とわかりました。要するに、戒というのは「守ること」に意味があるのではなく、それは「習慣性」という意味なのだと気がつきました。猊下はその意味で言っておられたのです。

「二百五十戒」はなぜ残ったか

わたしは、戒律に関して、お釈迦さまが侍者である阿難（アーナンダ）に向かって遺言されたことを思い出しました。よく引用されるエピソードですが、ここでも紹介したいと思います。

「わたしが亡くなったあとは、小々戒――細々した戒律――はすべて廃止してよろしい」

そう言われたのです。そのため、のちに経典編纂会議を開いてお釈迦さまが制定された戒をまとめようとしたとき、阿難が突然、

「お釈迦さまは細々した戒律は廃止しろと言われました」

と爆弾発言をしました。すると、議長をやっていた教団のリーダーである摩訶迦葉がびっくりして阿難に問いただしました。

「阿難よ、細々した戒律とはどの戒とどの戒なのか、そなたはお釈迦さまに聞いたのか？」

すると、阿難が「聞いておりません」と答えたので、摩訶迦葉にこっぴどくしかられたといいます。結局、二百五十もある戒の中で、どれを廃止していいのかわかりません。どれが重要でどれが重要でないのか決めようがないのです。そこですったもんだしてしまったわけです。

例えば「波羅夷罪《はらいざい》」といって、破れば教団を追放になる戒があります。それには四つあります。殺戒、盗戒、淫戒、妄語戒の四つです。

殺戒は人を殺した場合で、動物を殺すことには適用されません。人を殺した場合は教団追放になります。それから盗みです。盗みは「五マーサカ（五銭）以上」で教団追放になります。わずかなお金でも盗んではいけないのです。淫戒はセックスをしてはいけないということです。あらゆるセックスがぜんぶ教団追放になります。妄語戒とはうそをついてはいけないという戒ですが、ここでは大妄語といって、「悟っていない人が『おれは悟った』といううそ」をついたときに限って教団追放になります。

この四つくらいは重要なので、これらの戒は残してあとはすべて廃止しようかと思っても、その中には不飲酒戒も入っていません。在家でも守るべき戒すら入っていないのはおかしいということになり、すったもんだして、結局は二百五十の戒すべてを残すことになったのです。

「お釈迦さまが制定されたものはすべて守ろう。そして、これ以上一切つけ加えない」ということがそのときに決められました。それで二百五十戒が残っているのです。

自分を灯火にする

そこで思うのは、そのとき摩訶迦葉が「なんでお釈迦さまに聞かなかったのか」と阿難を責めましたが、それはほんとうに阿難が悪かったのでしょうか。いや、そうではありません。それは阿難の責任ではなく、お釈迦さまに原因があります。

阿難が、「わかりました。では、どの戒とどの戒を残してどの戒を廃止したらいいのですか」と聞かなかったとしたら、お釈迦さまが「おまえはわかったのか」と聞くべきです。

確かめるべきはお釈迦さまのほうです。

仮に阿難が、「はい、わかりました」と言っても、お釈迦さまは重ねて、「おまえ、ほんとうにわかっているのか」と聞くべきです。お釈迦さまともあろうお方がどうしたんだろうと思ってしまいます。

では、なぜお釈迦さまは阿難に、「おまえ、わかっているか?」と聞かれなかったのでしょうか。それは、どの戒を廃止してどの戒を残すのか、誰もがわかっていることだからです。

どういう意味かというと、お釈迦さまは亡くなる前に、

——自灯明、法灯明——

という教えを示しておられるからです。「わたしが亡くなっても、自分を灯明とし、法(教え)を灯明としなさい」という教えです。

このとき、お釈迦さまは法灯明よりも先に自灯明を出しておられます。つまり、「わたしの教えよりも先にまず自分を灯明にしなさい」ということでしょう。この「自分を灯明にしなさい」というのは、仏教の基本的態度なのです。

要するに、二百五十ある戒律の中で、どの戒とどの戒を守るのかは自分で決めればいいということです。すべて二百五十を杓子定規《しゃくしじょうぎ》に守れとは言っていないのです。あなた方が自分で判断をして、どれが大事な戒か決めなさいということでしょう。それがお釈迦さまの基本的態度です。お釈迦さまはいつでもそのような教え方をされているのです。

人それぞれの「戒」がある

自分にとってどの戒が大事なのか、それはそれぞれが決めればいいのです。これがお釈迦さまの態度だったと思います。人それぞれに、この戒は守れるけれどもこの戒は守れないというものがあるはずです。

例えば学校の先生をしている人は、不妄語戒などはなかなか守れません。子どもに見込みがないと思っていても、「きみは見込みがあるのだから一所懸命がんばれ」と言わざるを得ないからです。

そういう人は、「不妄語戒はちょっと外してください」と言えばいいのです。歯を食いしばってまで守る必要はありません。わたしはそう思います。

そのように考えると、山田恵諦猊下は偉いなと思います。

「すみませんが、わたしは不飲酒戒はちょっと守れないので、その代わりタバコは吸いません」

これがほんとうの戒の精神、最澄の心だと思います。戒とはそういうものだと考えればいいのです。

最澄が小乗戒を棄てたとき、次のように言っています。


今よりして以後、声聞の利益を受けず、永く小乗の威儀《いぎ》にそむけ。すなわち自ら誓願して二百五十戒を棄捨《きしゃ》し已れり。

(『叡山大師伝』)


このことばがまさにその精神を表しています。つまり、二百五十戒そのものが悪いわけではありませんが、わたしたちがこれに縛られたら「戒の奴隷」になってしまいます。極端にいえば、「これだけ守ってさえいればいい」となってしまうということです。

小乗仏教のお坊さんは、「不喫煙戒」というのはないので平気でタバコを吸います。しかし、いまお釈迦さまがお出ましになったら、「タバコはやめろ」と言われるでしょう。体に悪いし、受動喫煙の問題などもあるからです。

しかし、タバコを禁ずる戒はどこにもないから、平気で「これはお線香だ」などと言って吸っている困ったお坊さんもいます。おまけにお金を持ってはいけないからと、キャッシュカードを持っているお坊さんもいるのです。これでは戒の裏をかいているだけです。

――そんな戒の守り方は、汚いやり方だと思います。

最澄の最期

同じように、最澄のことばにこういうものがあります。

――童子を打つなかれ――

文字どおりに受け取れば、「少年を殴ってはいけない」ということです。現実の天台宗では、お坊さんに対してスパルタ教育を施していますから、最澄がそれを見たら怒るのではないでしょうか。「打たないでくれ!」と叫んでいるかもしれません。
このことばは、最澄の遺言に近いものとして、次の文章の中の一節にあります。

われ、生れてより以来、口に麤言《そごん》なく、手に笞罰《ちばつ》せず。今わが同法よ、童子を打たずんばわがために大恩なり。務力《つと》めよ、務力めよ。（『叡山大師伝』）

——わたしは生まれてからこれまで、粗っぽいことを言わず、ムチを手に罰したことはない。これからは、どうかわたしの童子をいたぶらないでくれ。それはわたしが大恩とするところだ——

やはり暴力はどんなことがあってもいけないのです。坊さんが暴力を振るってはいけないのです。もし人を殴ったら、そのときに僧籍を剝奪したほうがいい、というくらいのことを最澄は言っているのではないでしょうか。
ところで、「われ、生れてより以来、口に麤言なく……」と、「自分は荒々しいことばを使ったことがない」などと言っていますが、前に述べた徳一に対しては、もちろん書き物の中でですが、最澄はものすごい表現で罵倒しています。徳一とは論争ですから、「悪口」ではないにせよ、きれいなことばでないことも確かであり、評価のむずかしいところです。最澄にとって麤言ではなかったということなのでしょう。

それから、別の遺言の一つとして非常に重要なことを述べています。

わがために仏をつくるなかれ。わがために経を写すなかれ。わが志を述べよ。

（『伝述一心戒文』）

これも大事であり、いいことばだと思います。「自分がやりたかったことを述べてほしい」ということです。わが志、すなわち最澄の『願文』の精神をみんなで確認して述べていってほしいと言っているのです。

最澄心形《しんぎょう》久《ひさし》く労して、一生ここに窮まれり。

（『叡山大師伝』）

弘仁十三年（八二二年）六月四日、あとを弟子の義真に託した最澄は、比叡山で亡くなりました。五十六歳でした。

その後の比叡山があまたの人材を輩出したことは述べてきたとおりです。若き日の最澄が比叡山の一隅にともした法灯は、あたかも一隅から千里を照らすかのように、千二百年の間絶えることなくこの日本にともり続けているのです。

〈引用ならびに参考文献の所収本〉

●真人元開『唐大和上東征伝』(『国訳一切経』和漢撰述部・史伝部十八、大東出版社)

●宮沢賢治『農民芸術概論綱要』(『新修 宮沢賢治全集』第十五巻、筑摩書房)

●『ヴァッカリ』(『南伝大蔵経』第十四巻・相応部経典三、大蔵出版)

●『大日経』(『国訳一切経』印度撰述部・密教部一、大東出版社)

●『天台法華年分縁起』『叡山大師伝』『弘仁七年偈四天王寺聖徳太子廟詩』『山家学生式』『根本大師臨終遺言』『伝述一心戒文』『守護国界章』

(『伝教大師全集』比叡山専修院附属叡山学院編纂、世界聖典刊行協会発行)

●『願文』(ひろさちや『仏教の歴史(七)――普遍への目覚め』春秋社)

●湛然『止観輔行伝弘決』(『大正新脩大蔵経』第四十六巻、大蔵出版)

※『伝教大師全集』と『止観輔行伝弘決』の原文は漢文です。

※引用文ならびにルビの一部を新かなづかいにあらためました。

ひろ　さちや

一九三六年、大阪府生まれ。宗教評論家。

東京大学文学部印度哲学科卒業。同大学院印度哲学専攻博士課程修了。

一九六五年から八五年まで、気象大学校教授。現在、大正大学客員教授をつとめるかたわら、執筆や講演活動とともに「まんだらの会」を主宰する。

著書に、『仏教の歴史（全十巻）』（春秋社）、『愛の研究』（新潮社）、『ポケット般若心経』（講談社）、『わたしの「南無妙法蓮華経」』『わたしの「南無阿弥陀仏」』『ひろさちやの「道元」を読む』『ひろさちやの「親鸞」を読む』『ひろさちやの「空海」を読む』『ひろさちやの「法然」を読む』『ひろさちやの「日蓮」を読む』（以上、佼成出版社）ほか、多数ある。

ひろさちやの「最澄」を読む

平成16年11月30日　初版　第1刷発行
平成29年 7 月30日　初版　第2刷発行

著者……………………ひろさちや
発行者………………水野博文
発行所………………株式会社 佼成出版社
〒166-8535 東京都杉並区和田2-7-1
TEL(03)5385-2317(編集)　TEL(03)5385-2323(販売)
ホームページ　http://www.kosei-shuppan.co.jp/
印刷所………………錦明印刷株式会社
製本所………………株式会社若林製本工場
編集協力……………株式会社 みち書房

ISBN978-4-333-02115-4 C0015